最期のお金の活かし方

遺贈寄付

星野 哲

GENTOSHA

はじめに
一人ひとりの遺贈寄付は、やがて社会を変える

お金には〝チカラ〟がある。

東日本大震災や熊本地震、各地で頻発する土砂災害。生活に困って進学がままならない子どもたち、戦闘で家も故郷も失って難民化する人たち……。ニュースをみて、いてもたってもいられずに募金をしたことがあるだろう。そのとき、あなたは思ったはずだ。「たとえわずかでも力になれれば」と。

お金はときに人を救うことができる。お金には自分の「思い」を託すことができる。寄付とはまさに、そうした力や思いがあるお金だ。その寄付の究極の形が、本書のテーマである「遺贈寄付」だ。

個人が亡くなったとき、遺言によって財産の全部または一部を、公益法人やＮＰＯ法人、学校などに贈ることを遺贈という。本書では、この遺贈に加え、遺言がなくても相続人が故人の意思を受けて公益のために寄付すること、信託を使う方法を含めて

「遺贈寄付」と呼ぶ。

人生の最後に残った財産を使って、自身のいなくなった後の社会に「思い」を活かしてもらう。お金を生かす。次世代の人たちのために役立てる。自身や家族が生きてきたことに感謝して、社会への「恩返し」をする。社会への人生最後のプレゼント。それが、遺贈寄付だ。

たとえば、苦しんだ病気の治療法開発に活かしてほしい、盲導犬の育成に役立ててほしい、子どもたちの奨学金に使ってほしい、地域の環境を守ることに役立ててほしい、紛争地域で活動する医療者の活動資金にしてほしい……。

この本で紹介する、実際に遺贈寄付をした人や、「そのとき」に備えて準備している人の思いはさまざまだが、人生で自身が大切にしてきた価値観や行動と深い関係があるものばかりだ。遺贈寄付を考えたとき、人は歩んできた道を振り返り、人生を肯定する。それは、死の恐怖と向き合う支えにもなるのではないだろうか。

また、遺贈寄付には現実的なメリットもある。遺贈によって相続税を減らせる可能性があるのだ。相続人がいない場合にも、遺贈することによって自身の思いを何らかの形で残すことができる。

いま相続財産の規模は年間37兆〜63兆円ともいわれる。いずれにしても、国の税収並みの規模があることは間違いない。たとえその1%でも公益活動への遺贈寄付に回るようになれば、3千7百億円から6千3百億円ものお金が社会課題解決などのために使われることになる。インパクトは極めて大きい。たとえ一人ひとりの額は少なくても、思いが集まれば社会は変わる。救われる人がいる。あなたがその気になりさえすれば、社会を変える一人に名を連ねることができるのだ。

今後、遺贈寄付をする人は間違いなく増えていく。約2割の人が遺贈寄付に関心があるという調査結果もある。本書で遺贈寄付について考えることをきっかけに、人生を振り返り、今後どんなふうに生きていくのかを考える機会としていただけたらと思う。

第1章では、実際に遺贈寄付をした人、「そのとき」に備えて準備している人たちがどんな「思い」で行動したのかを紹介する。第2章では、遺贈寄付をしようと思ったとき、どう動いていけばよいのか、そのプロセスを、モデルケースを用いて疑似体験する。それにより、第3章以降で解説する制度が遺贈寄付にどうかかわるのか、概略だけでも押さえてもらえるようにした。

第3～4章では、遺贈寄付に関係する法律や税金、信託制度について、どんなことに注意したらいいのかなど、行動するさいの参考になるよう説明している。

通して読んでいただければ嬉しいが、第3～4章はハウツーを解説しているので、必要な部分だけピックアップして読むことも可能だ。第2章のプロセスの中でより深く知りたいことは、ぜひ第3～4章の該当部分を読んで、理解を深めてほしい。第2章はそのためのインデックスの役割も果たしている。

最期のお金の活かし方　遺贈寄付　目次

第2章　ストーリーでみる遺贈寄付を決めるまで

第3章 遺贈寄付をするための、相続&遺言の基本

第4章　相続税の控除&信託で、遺贈寄付をもっと活用する

本書に出てくる人物の年齢は取材当時のものです。
法制度などは2017年12月現在の情報です。

装幀 カメガイ デザイン オフィス
DTP 美創
協力 オフィス201

第1章

6つの事例でみる遺贈寄付の形

人生最後の「思い」を実現するために行動した人たち

遺贈寄付をするのは特別な人なのだろうか。

もちろん、そんなことはない。あなたと同じく、喜んだり悲しんだりを繰り返しながら日々を過ごし、幸せなときも苦しいときもある人生を生き抜いた人たちだ。あなたの隣にいるかもしれない市井《しせい》の人たちだ。

遺贈寄付をする人としない人に、もしもなにか違いを求めるとすれば、それは人生の最後に自身の「思い」を実現しようと、一歩を踏み出す決断力があったことかもしれない。あるいは、愛する家族の思いを、残された自分がなんとか形にしたいという、哀惜の念を伴った行動力かもしれない。

本章では、亡くなった家族らに代わり遺贈寄付をした人や、遺贈寄付をすることを決めて実際に遺言を作成した人のエピソードを紹介する。どんな思いがあって行動したのか。なぜ遺贈寄付なのか。一人ひとりに物語がある。

エピソード
1

夫の行動が妻をも変えた。つながってゆくお金に込められた思い

■「思い」のあるお金の使い方を教えてくれた

遺贈寄付のお金には「思い」がある。だから、寄付先の活動を支えるという実際的な面はもとより、寄付にかかわった人にも影響を与えることがある。思いを、亡き人からの最後のメッセージとして受け止めるのだ。

「夫が最後に遺贈寄付というお金の使い方を教えてくれたことで、私自身が変わった。そう、だいぶ変わったと思います」。中村順子さん（仮名、69）はそう言いながら、リビングの一角に置かれた夫、賢介さん（仮名）の遺影と、遺骨の一部を入れた小さな陶器のほうを見やった。陶器は、二人で旅したフランスで買い求めた思い出の品だ。

賢介さんは２０１６年春、交通事故で亡くなった。享年79。アジアなどから研修生を招いて草の根交流を進める公益財団法人「ＰＨＤ協会」（神戸市）に１００万円を

遺贈すると、自筆証書遺言で指示していた。それが、順子さんを「変えた」というのだ。どういうことか。二人の暮らしを振り返ってみよう。

■博識で活発。旅の仲間にも愛された人柄

賢介さんは高校卒業後、大手メーカーに就職。ブラジルでの駐在が長く、現地法人の社長にまでなって退職した。家庭の事情もあって大学進学はしなかった賢介さん。だが、勉強好きで、会社員生活をしながら大変な読書家だった。ギリシア哲学から中国の老荘思想、詩や歴史、天体関連の本……。記録魔といえるほど筆まめで、残された日記には全ページにびっしりと日々のできごとや感想が記されている。ブラジル駐在時代に自発的に発行していた知人向けの「ブラジルレポート」や社内報への投稿、旅の記録などを拝見すると、社会や経済、歴史などに対する深い見識が示され、博覧強記ぶりが伝わってくる。

2006年に順子さんと参加した世界一周の船旅「ピースボート」102日間の航海記は、読んでいて楽しい。なにを食べたか、誰となにを話したか。毎日のように開かれるクイズ大会などのイベント、もちろん訪問した国々の印象も。同船した人たち

が自身の得意の知識を持ち寄って教え合う自主企画があり、賢介さんは「ギリシア神話と古代ギリシア史」講義を提案。ギリシア訪問をよりいっそう彩り豊かなものにしようと、惜しげもなく歴史や哲学、美術の知識を提供している。

航海記に「彼の人生は私の理想」と記したほど、トロイの発掘で知られる考古学者シュリーマンに憧れていた。十数か国語を話せたシュリーマンにならってか、賢介さんも英語、ポルトガル語、中国語、フランス語を学び、話した。

旅行も大好きで、時間をつくっては海外に出かけた。趣味の自転車で中国やトルコを走ったこともある。数々の写真には、日に焼けた筋肉質の賢介さんの姿が記録されている。

■人生の豊かさを求め、ボランティアにも尽力

そんな賢介さんと順子さんが出会ったのは2004年。お互い再婚同士だった。それぞれに子どもがいたが、すでに独立しており、二人の生活を楽しんだ。ヨーロッパの美術や街並みが好きで、アジアの観光にはあまり興味がなかった順子さん。だが、結婚後は賢介さんに引っ張られるように、ヨーロッパ以外にもインドや中国、マレー

シア、インドネシアなどに出かけた。

「日本人は仕事以外に語れるものがない人が多い。それはつまらない人生だと、よく言っていましたね。生活と趣味を大切にする生き方をしたいと。感心するぐらい、あっちにもこっちにも興味をもって、首を突っ込んでいました」と順子さんは笑う。

そんな関心先の一つがＰＨＤ協会だった。退職後、生涯学習の場である「神戸市シルバーカレッジ」に所属していた賢介さん。カレッジのボランティア先がＰＨＤ協会で、アジアから招いた研修生に日本語を教えるなど支援をしていた。順子さんは夫がＰＨＤ協会の活動をしていることは知っていたが、実はどんな団体かも知らずにいた。

■再婚同士だからこそ、早くから遺言を準備し、万一に備えた

健康そのもので、次の海外旅行計画を立てていた賢介さんの人生が、突然幕を閉じてしまう。２０１６年春、賢介さんはいつものように朝6時に起床し、いつものように1時間ほど近所を自転車で走りに出かけた。いつもの道路にあった思わぬ障害物。それに接触して転倒、ほぼ即死状態だった。

再婚同士だから遺産分けでもめてほしくないと、賢介さんは遺言を早くから書いて

いた。海外旅行に行くときには、家のテーブルの上に遺言と保険証書を出しておくほど、後のことをおもんぱかって「万一」に備えていた。

順子さんは、遺言の内容は知らず、遺贈をするとも聞いてはいなかった。だが、夫の遺志は大切にしたいと、気持ちが落ち着いたところでPHD協会に寄付をした。

後日、PHD協会がミャンマーなどから招いた研修生三人と、坂西卓郎・事務局長が順子さんを訪ねて来た。謝意を表すと同時に三人の研修内容や活動予定、これからの意欲などを直接語ってくれた。寄付金は研修生を招く費用などに使う予定だという。

■自身が驚く変化。夫にならって寄付を始める

「夫の活動は知らなかったのですが、とても重要で気持ちのよい活動とわかり嬉しい。私も今後は会員として支援させていただきたいとお伝えしました。研修生は皆さん、明るくて賢くて魅力的だったので」と順子さん。以来、PHD協会の総会に出るようになり、それほど関心のなかったアジア関連のニュースや記事をみるようになった。

そして、順子さんが自分でも驚いた変化があった。

自身の財産から、障がい者の作業所に寄付したのだ。以前、幼稚園で働いていたと

きに障がいのある子どもを受け持って以来、おりにふれて障がい者からいろいろなことを学んだという。

それだけに、2016年の相模原の障がい者殺傷事件にショックを受けた。だが、具体的な行動は特にしていなかった。それが、実際に作業所を訪ねて運営方針や職員の働き方、障がい者の様子を見学させてもらい、「ここなら間違いない」と応援することにした。認定NPO法人「国境なき医師団日本」にも毎月、寄付を始めた。

「やはり夫の遺贈の影響だと思っています。お金はどんな使い方もできると教えてもらった。思いのあるお金はなにかを変える力があると思うのです。私が寄付した作業所が発展することは、きっとほかの作業所にも影響を与えると感じました。夫の遺志を継ぎたいと思っています」と順子さんは言う。

自分もできれば遺贈をしたいと考えている。そう語る順子さんを、遺影の賢介さんが優しく見つめているような気がした。

エピソード
2

奇跡的な縁を生み、遠い夢だった小児ホスピス建設が現実に

■一人の女性の「思い」が生んだプロジェクト

生きてきた道のりで出会った「支援の手が届かない人」たち。なんとかしたいと思いながら、自身では十分にしきれなかったことを後に託す。そのためにお金を使ってほしい。そんな「思い」が「思い」を呼ぶように広がった例を紹介する。

重い病気で人生の最期を迎える子どもたちが、家族と一緒に過ごすための場「小児ホスピス」をつくる。横浜でいま実現しつつあるこのプロジェクトは、一人の女性の遺贈が出発点だった。

このプロジェクトを進めているのは、認定ＮＰＯ法人「スマイルオブキッズ」。２００８年から、神奈川県立こども医療センター（横浜市）のそばに宿泊施設「リラのいえ」を運営している。医療センターには症状が重く、長期にわたって入院する子ど

もが多い。しかも全国各地からやって来る。できるだけ子どもの近くにいたいと願う家族のために、少しでも経済的負担や不安を軽くしてもらいながら滞在できる宿泊施設だ。清潔感とぬくもりのあるフローリングの個室が11室。共用部分では利用者が各々、自由に調理したり談話したり。多くのボランティアや企業が運営を支えている。

■もっと自由に子どもと過ごせる「小児ホスピス」をつくりたい

もともとは、田川尚登・理事（59）が、1998年に当時6歳だった次女のはるかちゃんを悪性脳腫瘍で喪《うしな》ったことをきっかけに始めたNPO法人だ。

同じ境遇の子どもや家族らを少しでも支えたいと思っていた。その一つの形が「リラのいえ」だ。だが、それでも病院の面会時間に制限があるため、子どもと一緒に過ごすには制約がある。そこで、「もっと自由に過ごせる場が欲しい」と田川さんが注目したのが「小児ホスピス」だった。

医療スタッフが常駐し、子どもだけでなく家族も24時間一緒にいることができ、ともに遊びや学びもできる「家」。英国で生まれ、主に寄付で運営されており、家族らの負担はほぼ必要ないと知る。日本ではほとんどない形の場だった。「なんとか実現したい」と田川さんの思いは募ったが、数億円の建設資金に加え、運営費を工面する算段がまったくつかなかった。そんなおりの2013年3月25日、スマイルオブキッズの口座に2500万円が振り込まれる。神奈川県藤沢市の故石川好枝さん（享年76）からの遺贈だった。

■子どもの命と向き合ってきた、看護師の女性の「思い」

面識のない女性だった。田川さんは代理人の弁護士、熊澤美香さんに会いに行った。そこで石川さんのことを知る。

石川さんは1936年、川崎市に生まれ、三重県の看護学校を卒業後、長く神奈川県内の病院や障がい児施設で看護師として働いた。60歳で定年退職、その後も働き続けたかったが、不慮の交通事故のために断念せざるをえなかった。生涯を独身で過ごし、2012年2月、大動脈瘤破裂の危険があると診断されて緊急手術。その後、目覚めることなく亡くなった。

石川さんは自筆証書遺言を手術直前に書いていた。入院していた病院への寄付、入院時にお世話になった看護師への教育支援と並び記されていたのが「こども医療センターの親子のための施設」、つまり「リラのいえ」への遺贈だった。

「財産はどこかに遺贈したいと早くからお考えのようでした。新聞などで『これは』と思う団体をみつけては、少額の寄付をしてそのときの対応をみて遺贈先を探していたようです」と、石川さんのホームロイヤー（個人版顧問弁護士）だった熊澤さんは言う。熊澤さんは2006年11月から月に1度ほど、石川さんと会っては健康状態や財産管理の話をして、最終的には遺言執行者となった。

「命を脅かす病気にかかっていたり、重度障がいがあったりする子どもたちに対する支援が行き届いていない。だから、そうしたところに遺贈したいと考えていらっしゃいました」と熊澤さん。

■「ご縁」が背中を押し、多くの人を巻き込んで夢は現実に

熊澤さんは田川さんと会って驚いた。「リラのいえ」ばかりでなく、田川さんが小児ホスピス建設を望んでいることを知ったからだ。「石川さんの思いが伝わったのか、まさにご縁を感じました」と言う熊澤さんは、2013年10月、不動産などを処分した遺産8千万円を、小児ホスピス建設資金としてスマイルオブキッズに寄付した。そ

れが一番、遺志に沿い、石川さんも喜んでくれるだろうと考えたからだ。

「背中を押されました。この資金がなければ、始めることなどできないと思っていたのですから」と田川さん。新たなNPO法人「横浜こどもホスピスプロジェクト」を立ち上げ、開設計画を具体化しようと奔走する。建設に必要な資金は3億円。そのうち、石川さんの遺贈をベースに2億6千万円がすでに集まり、早ければ2020年には完成予定だ。

いま計画している部屋数は5部屋。家族の宿泊所もあり、重症心身障がい児のための放課後等デイサービスや、医療的ケアが必要な子どもたちの保育なども引き受ける予定だ。一人の女性の思いが、夢にすぎないと思っていたことを現実に変えようとしている。多くの子どもたちを支えようとしている。「まだまだ運営資金は大変ですが、石川さんからの遺贈という思いに応えたい」と田川さんは語る。

エピソード
3

妻の夢をかなえるため、遺産で基金を設立。残された夫が行った遺贈寄付の一つの形

■亡き妻の願いを形に。頭頸部がんの患者会立ち上げへ

亡くなった、愛する家族が願っていながら実現できなかったこと。それはなにか。自問自答しながら、遺贈寄付によって一つの「答え」を見出した人がいる。

頭頸部《とうけいぶ》がんをご存じだろうか。鼻や舌、咽頭など耳鼻咽喉科または口腔外科の領域のがんのことだ。飲食や会話、呼吸、嗅覚、味覚、聴覚など生活に欠かせない機能と密接にかかわるし、人目につきやすい。そんな特徴から、精神的にもきついことが多いといわれる。患者数もがん患者全体の5％程度で、患者どうしの交流や情報交換の場があまり多くない。

そんな患者同士や家族が安心して悩みや不安を語り合い、よりよく生きていくための場をと、2015年秋、京都で「頭頸部がん　患者と家族の会　Ｋｙｏｔｏ」が活動

を始めた。同時期、がんと診断されても働き続けられる社会を目指す「京都ワーキング・サバイバー」もやはり本格的に活動を始めた。２つの「患者会」が京都で産声を上げたのだ。

この２つの活動には共通点がある。公益財団法人京都地域創造基金が２０１５年に設けた「がん基金」の助成金を受けている点だ。この基金は、２０１３年６月に頭頸部がんの一種「嗅神経芽細胞腫《きゅうしんけいがさいぼうしゅ》」がもとで亡くなった加納典子さん（享年52）の遺産のうち60万円を使ってつくられた。夫の伸晃さん（61）が創造基金に相談をもちかけ、実現した。

■治療による見た目の変化で辛い日々

加納さん夫妻はともに京都府の職員だった。典子さんは、念願だった京都の伝統文化を国内外に発信する部署の管理職となって仕事に脂がのっていた。そんな47歳のある日、鼻の神経にがんができていることがわかる。２年ほど前から、片方の鼻だけから透明の鼻汁が出続けて通院したが、アレルギー性鼻炎と診断されていた。だが、痛みが強まり、精密検査した結果の発見だった。

粒子線治療を兵庫で受けた。いったんは完治したと考えて職場復帰したものの、翌2010年2月に再発。化学療法と手術を受ける。だが、がんは典子さんの体を蝕み続け、顎や首すじなどにも転移していき、手術を繰り返した。

「女性として、とても辛いことでした」と伸晃さんは静かに語る。

典子さんはもともと外交的な性格。人と人をつなぐのが得意で、いろいろな人たちに呼びかけて伝統文化の研究会をつくり、伝統技法・截金《きりかね》の人間国宝の工房を訪ねるなど活発に活動していた。だが、粒子線治療の影響で皮膚の一部が変色したり、手術で鼻から空気が漏れるようになってしゃべるのが難しくなったりしたこともあり、そうした活動の場からも足が遠のいていた。

それでも、典子さんは近所のお茶飲みサークルに出かけたり、がん患者の集いに参加したりした。伸晃さんも「気がまぎれるだろう」と勧めた。だが、サークルでは「ちょっと変な人と思われたみたい」と典子さんは言い、行かなくなった。患者の集いでは頭頸部がん患者がほかにおらず、ただ一方的に話すばかり。「さらし者になった気分。もう行きたくない！」と珍しく怒りをあらわにして、参加を勧めた伸晃さんを責めたりもした。

「きっと共感を得られる場が欲しかったのだと思います」と伸晃さんは振り返る。遺品を整理しているときに読んだ典子さんの日記にも、話し合える場が欲しい、と書いてあったという。

共感の場を自らつくろうとしたのだろう。典子さんは闘病しながら、患者会を立ち上げようとしていた。兵庫の病院で出会った患者らと手紙をやり取りしたり、ネットで情報交換したりした。だが、結局実現はしなかった。

せめて望みを一つ。共感の場をつくりたい

最後の手術となった8回目の手術では、左の上顎を摘出した。さらに左目を失明し、典子さんは覚悟を決めたようだ。一人娘と一緒に葬儀社に自身の葬儀の予約に出かける。そのとき要望したのがエンバーミングだった。死後に遺体を長期保存できるようにすると同時に、必要に応じて顔などの「修復」を行う技術だ。このときの契約書に典子さん直筆の付箋がついていた。

〈プロテーゼ（筆者注：顎補綴具《がくほてつぐ》のこと）や綿を入れて顔のでこぼこがかくせるなら

エンバーミング必要なし。化粧は娘にやってもらって顔中央の赤い毛細血管をうまく消してください〉

死に顔はせめて、元の顔を取り戻したいと願ったのだろう。

その9か月後、2013年6月14日に典子さんは息を引き取った。

伸晃さんは、せめて典子さんの望みを一つかなえたいと考えた。共感の場の実現だ。以前、仕事の関係で理事をしていた京都地域創造基金に相談に出向いた。地域の課題を解決するために、地域の人たちからお金を集めて地域の活動に活かす、コミュニティ財団だ。

財団の担当者である可児卓馬・専務理事と、大阪で活動している頭頸部がん患者会の活動を視察するなどして、最終的に「頭頸部のがん患者のための活動やピアサポート活動を支援する」助成事業のためのがん基金をつくった。財団のホームページなどで募集を始め、応募して助成対象に選ばれたのが冒頭に記した2つの活動ともう1つ、すでに活動をしていた「神経内分泌腫瘍カルチノイドの患者会　しまうまサークル@関西」の合計3団体だ。

「頭頸部がん　患者と家族の会　Ｋｙｏｔｏ」では助成金をホームページやパンフレットの作成などに充てている。事務局長の山内拓司さんは「基金がなければ、この会は始まらなかった。おかげで集まる場ができました」と言う。以前からネットを通じて情報交換していたが、頭頸部がんは放射線治療一つとっても後遺症が大変な面があり、直接会って語り合う意義は大きいという。いまは10～20人程度が2、3か月に一度集まって情報交換したり、がんについて勉強したりして、全国の患者からも活動が注目されている。

■いま、妻と語り合うことができるなら

「大切なお金ですから、きちんとした活動をしようとはもちろん考えていました。加納さんにお目にかかって奥様の思いをうかがい、いっそうその思いを強くしています」と山内さんは話している。

助成金を使って実施した事業の報告会などに出向き、伸晃さんは思う。

「いま妻と話せるなら問いかけたい。こういう活動があったらよかったんだよね、と」。

そう語りながら、伸晃さんは涙をぬぐう。

伸晃さんは典子さんの死後、公正証書遺言を作成した。その中に、遺産の一部をがん基金に遺贈すると記している。

エピソード

4

同じ思いを共有する妻が、夫から相続したお金を生きたお金へと変えた

■未来に希望を託して。iPS細胞研究に活かしてほしい

治療法のない病気にもいつか治療法ができるかもしれない。たとえいまは無理でも、未来に希望を託したい。同じ病で苦しむ人がいなくなるように。難病に侵された夫とともに闘った妻の思いは、遺贈寄付へと行動を促した。

現在は治療が難しいとされているさまざまな病気の克服に向けて、再生医療や新薬開発などへの応用が期待されているiPS細胞。その研究の中心である「京都大学iPS細胞研究所」（CiRA、山中伸弥・所長）は、京都御所にほど近い鴨川沿いに建つ。

ここで2017年2月27日、「寄付者　感謝の集い」が開かれた。東京で暮らす吉川和子さん（仮名、70）も、招待客の一人として参加した。難病との闘病の末、70歳

で亡くなった夫の陽介さん（仮名）から相続した遺産のうち1千万円を２０１６年、ＣｉＲＡへ寄付した。

集いでは、山中さんの講演があった。「私の父は肝硬変で亡くなった。当時は有効な治療法がなかった。でも、28年後の現在、肝硬変は治療できる病気になっている。いまは治療できない病気でもｉＰＳ細胞で治療ができるように、２０３０年までに成果を出していきたい。その未来のために寄付は有効に使わせていただく――」。そんな内容だ。

その後の研究者との語らいの場でも、一様に強い責任感と熱意が伝わってきた。「これで夫の思いは活かされる。やはりここに寄付してよかった」と和子さんは心から思った。同時に、二人の闘病生活の日々が思い出され、胸が詰まった。

■前向きな努力と裏腹に、奪われていく日常

和子さんと陽介さんは、お互い小学校の教員という縁で出会った。仲の良い夫婦だったことは、和子さんの言葉の端々から感じられる。陽介さんは理系が得意、和子さんは文系。和子さんが担当する高学年向け理科実験の準備を、陽介さんが前日のうち

に万端整えてくれた。文章表現や記録などは和子さんの出番。お互いが得意不得意を補い合う関係だったと和子さんは振り返る。

お互いに仕事をもち、犬を飼っていたこともあって、一緒に長期旅行に行くのは難しかった。それでも毎年、山中湖畔のペンションに犬と一緒に出かけたりした。子どもはいない。退職したら二人で第二の人生を楽しもう。そんなことを考えていた２０１０年、穏やかな日常が暗転した。

この年の8月、陽介さんが「進行性核上性麻痺《しんこうせいかくじょうせいまひ》」と診断された。国の指定難病の一つだ。脳の中の大脳基底核、脳幹、小脳といった部位の神経細胞が減り、平衡感覚がなくなって転びやすくなり、しゃべりにくい、飲み込みにくいといった症状が出て、やがて寝たきりになる。中年期以降に発症することが多く、人口10万人あたり10～20人程度の有病率と推測されている。初期はパーキンソン病に似た症状だが、パーキンソン病の治療薬が効かず、現在のところ有効な治療法はみつかっていない。

当時、陽介さんは早期退職して、別の仕事をしていた。２０１０年3月、和子さんも退職して家にいるようになって異変に気づく。犬の散歩に一緒に出かけるようになると、陽介さんの歩くスピードが遅く、どんどん離れていく。違和感を覚えていたある日、陽介さんは自転車に乗って踏切で電車の通過を待っているときに転んでしまう。目の上を何針も縫うけがを負った。精密検査を受け、難病であると診断された。

少しでも自力で動けるようにと、家中に手すりをつけてもらった。その数は病状に合わせて増え、結局29本になった。手先が器用で創意工夫が得意な陽介さんは、寝室に登山用ロープを張り、そこにつり革のような輪にしたロープをつけ、体重を預けるようにしてベッドから起き上がり、着替えなどで寝室内を移動することもした。

自転車が無理となれば、三輪の電動自転車に乗り換えた。米を研ぐ、洗濯物を干すといった、日常でできることは積極的にこなした。そうしなければますますいろいろなことができなくなってしまうと考え、可能な限り自分で動き、使える筋力は使おうとしたのだ。

だが、そうしたことも急速にできなくなっていく。愛犬との散歩、好きな釣りやゴルフなど、病は陽介さんの「日常」を次々に奪っていった。好きだった蕎麦がすすれなくなる、顔を洗おうとしても両手で水がすくえない、松葉杖から車椅子へ……。どれだけの絶望感に陽介さんが日々、苛まれていたことか。医者の無慈悲な物言いに二人で泣きながら帰宅したこともあった。

■絶望の中でも「明日の楽しみ」をみつけ、支え続ける

車椅子の移動は大荷物になる。持ち手にバッグを下げ、尿瓶やティッシュ箱、タオル、雨ガッパ……。体重が65キロあった陽介さんは重く、さらに旅行バッグを転がして歩くのは、お互いに楽ではなかった。周囲からは介護施設への入所を勧められた。だが、「あなたも身近な人が同じ状態ならそうはしないはず。私は片時も苦しいと思ったことはない」と和子さんは言いきった。「明日の楽しみ」をみつけ、夫の絶望感をやわらげることに心を砕くのは自分しかいない。一緒にテレビを観ては笑い、落語を観に行っては笑った。

同じ難病の家族会に入り情報交換したり、名医がいると聞いて名古屋まで陽介さんを連れて行ったりもした。そんな日々を和子さんは、写真と文字で詳細に記録し続けた。同じ難病と闘う人たちの役に立つかもしれないという思いがあったという。記録を拝見すると、私には「大切な時間を失いたくない」という和子さんの叫びが聞こえてくるように思えた。

愛犬が2013年11月に亡くなった。悲しみもあったが、「二人に旅行をプレゼン

トしてくれた」と和子さんは前向きにとらえた。いろいろなところに出かけた。2014年2月には結婚40周年記念で沖縄に。楽しみにしていた沖縄美《ちゅ》ら海《うみ》水族館で、イルカショーに手を叩く写真は少年のような笑顔だ。千葉の鴨川シーワールド、熱海の初島《はつしま》、長野の善光寺ご開帳……。

2015年7月15、16日に二人で奥多摩の温泉に行ったのが最後の旅行となった。気持ちよさそうに温泉に浸かる写真からは、心からリラックスした様子が伝わる。風呂上がりにお酒で乾杯して陽介さんの古希を祝った。そんな日々が急に幕を閉じる。

2015年12月2日、陽介さんの高校時代の友人たちがお見舞いに持ってきてくれた干し柿を口にする写真に「最後のごちそう」とのメモ書き。4日にはいつものようにデイサービスに出かけた。だが、そこで貧血で倒れたと連絡が入る。

5日、お腹はカエルのように膨らみ、尋常な様子ではなくなっていた。救急車を呼び最後の12日間の入院生活が始まる。後日、どうやら内臓が炎症を起こし出血が止まらなかったことがわかるが、検査結果がはっきりする前に陽介さんは息を引き取った。

声にならないような声で毎日、「家に帰りたい」とつぶやいていた陽介さん。その思いを受け、自宅に戻って近しい人たちだけで葬儀を執り行った。そのさい、闘病生活をファイルにして友人らに見てもらった。「難病とたたかいながら精一杯　命をまっとうしました」と表書きを添えた。

和子さんはなぜ遺産を寄付しようと思ったのだろう。一番大切にしたのは、陽介さんの「思い」だったという。

■壁に貼られた1枚の記事。希望を抱き続けていた

いまも、自宅の壁に1枚の新聞記事の切り抜きが貼られている。2014年に書かれた「iPS細胞を使ったパーキンソン病治療の治験が2016年に始まる」という内容の記事。実際にはその後、2018年に治験開始を目指す状況となっているし、記事の通りだったとしても陽介さんの治療に直接つながるとは限らなかった。だが、記事を見ながら、陽介さんは間違いなく希望を抱いていた。たとえ、頭では、自身が生きている間に実現する可能性などほとんどないとわかっていても。

その思いを象徴するできごとがあった。陽介さんが突然、「京都大学医学部附属病院で診てもらいたいから電話する」と言い出したのだ。すでに呂律《ろれつ》もうまく回らなくなっていた。どこに行けば治験を早く受けられるかという気持ちが高じてのことだっ

た。たとえわずかでも治る希望を持ち、奇跡を信じていた夫の気持ちを痛感した。

同じ境遇で、やはり治療法の開発を切望している人たちがいる。たとえ、今日明日すぐの結果は出なくても、いつか治療できる可能性を信じ続けたい。その未来、希望のために役立ちたい。それが夫の思いに応えることだ。それに、遺産は夫が長年、働いた退職金。自分のために使うものではない――。和子さんはそう考えた。

そして、寄付のもう一つの理由。それは、寄付についての陽介さんの考えを直接聞いていたからだ。

■もう一つ、共有していた動物に対する思い

無類の動物好きの陽介さんは、テレビで動物番組があると録画して何度も観た。あるとき、北海道で猛禽類の保護に取り組んでいる人を番組で観て、つぶやいた。「こういった人たちは援助をしてあげないといけない」。人は困難に直面しても、自分でなんとかできるものだ。だが、絶滅しそうな動物たちを救うのは人しかいない。いずれこうした活動を支援したいね、といったことを和子さんと話した。

二人とも甥や姪といった若い人に、あまり大きなお金を遺すことは良いことだとも

考えていなかった。遺産を分けるとしても一部。基本はやはりどこか「役に立つ」ところに寄付したい。思いは共有していた。だが、遺言を作成する間もなく状況が急展開してしまった。

動物に対する陽介さんの思いに応えようと、実は寄付先としてもう1か所を選んだ。日本に2頭しかいないファシリティドッグの3頭目の購入・育成資金として300万円をNPOに寄付した。

ファシリティドッグとは、専門的な訓練を受けた犬で、病気やストレスを抱えた人に体を触ってもらうことによってその人のストレスを減らし、元気づける効果があるといわれる。神奈川県立こども医療センターでは緩和ケアチームの一員として、重い病気の子どもたちと過ごしている。

「私が遺産を受けても、結局は残してしまうことになる。私も働いていたし、遺産をあてにしなくても生活はなんとかなる。だから、夫の遺産は生きたお金にしたいと思ったのです」と和子さんは話す。

陽介さんはいま、散歩コースだった近所のお寺に買い求めた二人用墓に眠る。和子さんもいつかは一緒に眠る。そのときには、自分の遺産も世の中に役立ててもらいたい。それまでＣｉＲＡには毎年、寄付していこう。遺産はご縁があるところに遺贈しよう。和子さんはいま、そう考えている。

エピソード
5

自身の人生を支えた教育の未来に貢献したい。父母から引き継いだお金を次世代に活かす

■炭鉱の町の母子家庭。奨学金の恩を次世代へ返す

自身が受けてきた恩を次の世代に返したい。そんな思いで遺贈寄付を決めた男性がいる。いわばご恩返しのための寄付だ。

セピア色の写真には、舗装されていない道路の両側に「ハーモニカ長屋」が並ぶ風景が写っている。炭鉱の町ではごく当たり前にみられた、薄い壁で隣家と仕切られた木造平屋建ての長屋。入り口のガラス戸を引くと、土間と炊事場、8畳ほどの部屋が2つあったと、喜田義春さん（仮名、70）は写真をみながら、子ども時代を過ごした家のことを語ってくれた。

喜田さんは九州の炭鉱の町に生まれた。幼少のころ、落盤事故で父親が亡くなる。自身の名前の一文字を使って喜田さんに名前をつけてくれた父親だった。母親は炭鉱

の購買所に職を得て、女手一つで喜田さんを育ててくれた。

日常では、男手がいないことによる貧しさを、あまり感じさせることがなかった母親だったという。周囲の家にテレビが入れば、少し遅れてでもテレビも購入してくれた。だが、クリスチャンの母親は献金や寄付を日常的にする人だった。それに対し若い喜田さんは「貧乏なウチがすることじゃない」と反発したというから、やはりどこかお金のなさは感じていたのだろう。

中学のころから勉強が大好きで、特に数学に魅了された。放っておくと机に向かって数学の勉強に打ち込み、気づくと5、6時間経っていることもあった。「わからない問題が解けたときの快感がたまらない。できた！　という喜びですね」と喜田さん。町に1軒しかない本屋に新しい雑誌が入る日には、開店前から並んだというから本当に活字や勉強が好きだったのだろう。当然、高校に進学したいと思っていたものの、家計は厳しかった。だが、問題を解決してくれたのが、中学の先生が紹介してくれた奨学金だった。奨学金を使うことで進学できた。

地元の国立大学へも、奨学金で通った。返済の義務がないお金。「本当にありがたくて、大好きな数学に没頭できた」と喜田さんは振り返る。学生時代に家庭教師で生活費を稼ぐうちに、教えることの面白さにも目覚める。大学院の修士課程を修了して、高校の教員になるために上京した。

おおらかな時代で、若い教員や生徒が体育館で一緒に汗を流したり、生徒のさまざまな相談にのったり。プリントの準備などをしているうちに夜中近くになっていることもあった。教員としての生活も充実する中、紹介してくれる人がいて、故郷が同じ智子さん（仮名）と所帯をもつことになった。子どもはいなかったが、年に2回は一緒に京都旅行に行くなど、穏やかな日々が続く。

残された1冊の通帳とともに、引き継いだ寄付の思い

だが、智子さんに乳がんがみつかり、52歳で亡くなってしまう。故郷の老人ホームで暮らしていた母親も、智子さんを看取ってから5年後に亡くなる。

母親からの遺産の中には1冊の通帳があった。1千万円を超える金額。実は、喜田さんの父親が亡くなったさいの補償金をずっと大切に貯め、運用してきたお金だった。子どものころ、金に困った親類がこのお金を頼って家に来たときのことを思いだした。母親は毅然とした口調で「このお金は父親が息子のために遺してくれたお金。申し訳

ないが、手は付けられない」と断った。それを大切にしていたのだ。

ちょうど喜田さんも定年を迎えたとき。「将来」を意識する時期だった。「この父親からのお金は自分で使うものではない。やはり何か社会の役に立ててほしい」と60歳のときに一度、公正証書遺言を書いた。若いころにはわからなかった母親の寄付への思いも、いまなら少しはわかる。母親が続けていた「あしなが育英会」などへの定期的な寄付も喜田さんは引き継いだ。

■財団に遺産を託し、次の世代の子どもたちへ届ける

公正証書遺言では、自分が奨学金のおかげで充実した人生を送れたのだから、教育関係に活かしてほしいと記した。だが、10年近くたってあらためて内容をみると、不備のある内容だと気づく。書き換えを検討しているところで、公益財団法人「日本財団」が遺贈の相談窓口を開いたことを新聞記事で知り、連絡を取った。

日本財団に相談にのってもらいながら2016年、公正証書遺言を書き換えた。遺言執行者を日本財団にして、教育のために遺産を活かしてほしいと記した。「私は奨学金を返していないのです。だから、次の世代の子どもたちに返す。できれば大学で

勉強するために役立ててほしいと願っています。保育士をしていた妻も、きっと子どものためにお金を使うことを『いいんじゃない』と言ってくれると思っています」と喜田さんは穏やかに話す。

お金を託される日本財団では「どんな使い道が最も『思い』に沿うものになるか検討して、喜田さんの万一のときには大切に使わせていただきたいと考えています」としている。

エピソード
6

人生でかかわった人やものに感謝し、持っているものすべてを寄付し社会に活かしたい

■10万人に1人の病気の治療データを提供

埼玉県内の有料老人ホームの一室。窓際に、ランドセルほどの大きさのナイロン製手提げバッグが置かれている。この中には、林文子さん（89）が自身の死に備えた、大切なものが入っている。公正証書遺言の控えと、30年間毎日記録し続けている自身の血糖値の記録の束だ。

林さんは59歳のとき、1型糖尿病を発症した。日本人の10万人に1〜2人しか発症しない病気。一般的な2型（成人型）糖尿病とは異なり、自分でインスリンをつくることができないため、脳死膵臓移植などを受けるか、血糖測定をしながら生涯にわたって毎日数回のインスリン自己注射またはポンプによる注射を続ける以外に治療法がない、原因不明の難病だ。

「診断されたとき、『長くは生きられないでしょう』なんて言われて、すっぱり決めたの。死んだら献体して研究に役立ててもらおうって。私の体で日々、実験しているようなものじゃない？　珍しい病気なんだから使ってもらわない手はないと思って」と林さんはきっぱりとした口調で話す。

話しぶりは論理的で、背筋もしゃっきりと伸び、失礼ながらとてもお歳にはみえないし、一見しただけでは病気とも思えない。いまも放送大学で生物学を学んでおり、スクーリングにも参加しているという。だが、冷蔵庫に保管してあるインスリンの注射器が、自己管理を怠ればそのまま死に至る危険のある病気と林さんが日々向き合っていることを告げる。

お世話になった人たちのおかげで生きてきた

日々、死と向き合わざるをえなくなったとき、林さんは献体とともに、もう一つのことを決めた。この世を去るときにもしも財産が残っていたら、人生でかかわってきた団体に一部を寄付しよう、と。

最初は自筆証書遺言をしたためた。姪を遺言執行者にして、同時にすべての財産を包括遺贈する。ほかにもいる甥や姪にそこから一部を分けてもらい、残りは卒業した大学や病院のほかユニセフなどの団体に寄付してもらうという内容だ。２００８年、この内容を確実にするために公正証書遺言にした。

「恩返しですよ。それ以上でも以下でもない。だって、私は国のお金で学ぶことができたのだし、お世話になった人たちのおかげで生きてきたのだから」と林さんは言う。

林さんは昭和3年（１９２８年）の生まれ。尋常小学校入学前に肺炎を患い、入学は1年ほど遅れた。病室での暮らし。勉強が好きで、野口英世に憧れたこともあり、将来は医療の道に進みたいと思っていた。

だが、15歳のときに父親が結核で亡くなり、家計的に師範学校に進学する以外、高等教育を受ける道はなくなった。教員を養成する師範学校なら、授業料が不要のうえ生活費までもらえた時代だ。東京女子高等師範学校（現・お茶の水女子大学）に進み、戦時下を生き抜き、戦後は私立高校や埼玉県内の公立高校で生物を教えた。病気が発症したのは、浦和南高校で定年を迎える直前だった。

「国のお金で」という言葉の背景には、こうした人生がある。ユニセフなどは、いまもおりにふれて寄付をしている団体だ。

■多くの教え子に愛され、穏やかな日々を過ごす

窓際に置かれたバッグには「死者のためのミサ曲」のカセットテープも入っている。遺言の付言事項に「よければ献体室で流してほしい」と記した。献体先は自治医大。師範学校と同じように、経済的に恵まれなくても医療者になれる道がある学校だ。献体が終わって荼毘《だび》に付された後の遺骨は、自治医大が建立した墓に納骨してくれるように記している。

「最初に教えた子たちなんて私といくつも歳が違わない。そんな教え子から最後に教えた子たちまで、時々、ここに顔を見せに来てくれるの。ありがたいなって思う」と林さん。結婚はしなかったが自分には多くの子どもたちがいると語るとき、眼鏡の奥の理知的な目が細くなった。

注射したインスリンの量とその前後の血糖値データ、ご自身の体、そして財産の遺贈寄付。医療者になるという夢こそかなわなかったが、林さんの思いは必ずなにかを伝え、残し、人々を救うに違いない。

第2章

ストーリーでみる遺贈寄付を決めるまで

プロローグ――「未来」へつながる活動に目を向け始めた男性

ストーリー

東京郊外の一戸建て・持ち家に暮らす男性（70）と妻（68）。子どもは40歳男子と37歳女子で、それぞれ家庭をもって独立した。男性には姉（75）が一人いる。

大学卒業後は大手メーカーに就職し、サラリーマンとして仕事に没頭する。部長職となり60歳で退職。趣味はゴルフと野球観戦、食べ歩き。退職後は年に1度妻と海外旅行に行くほか、近くの公園で子どもと遊ぶボランティア活動に時々、顔を出している。子どもは好きだ。「未来」を感じる。

■寄付行動の集大成、それが遺贈寄付

日本に寄付文化を根付かせ、広めようと活動する認定ＮＰＯ法人「日本ファンドレイジング協会」が全国の20歳以上79歳以下の男女約5千人を対象にした調査結果など、寄付の現状をまとめた「寄付白書２０１７」によると、２０１６年の1年間に寄付を

〈図1〉 性別・年代別 寄付者率

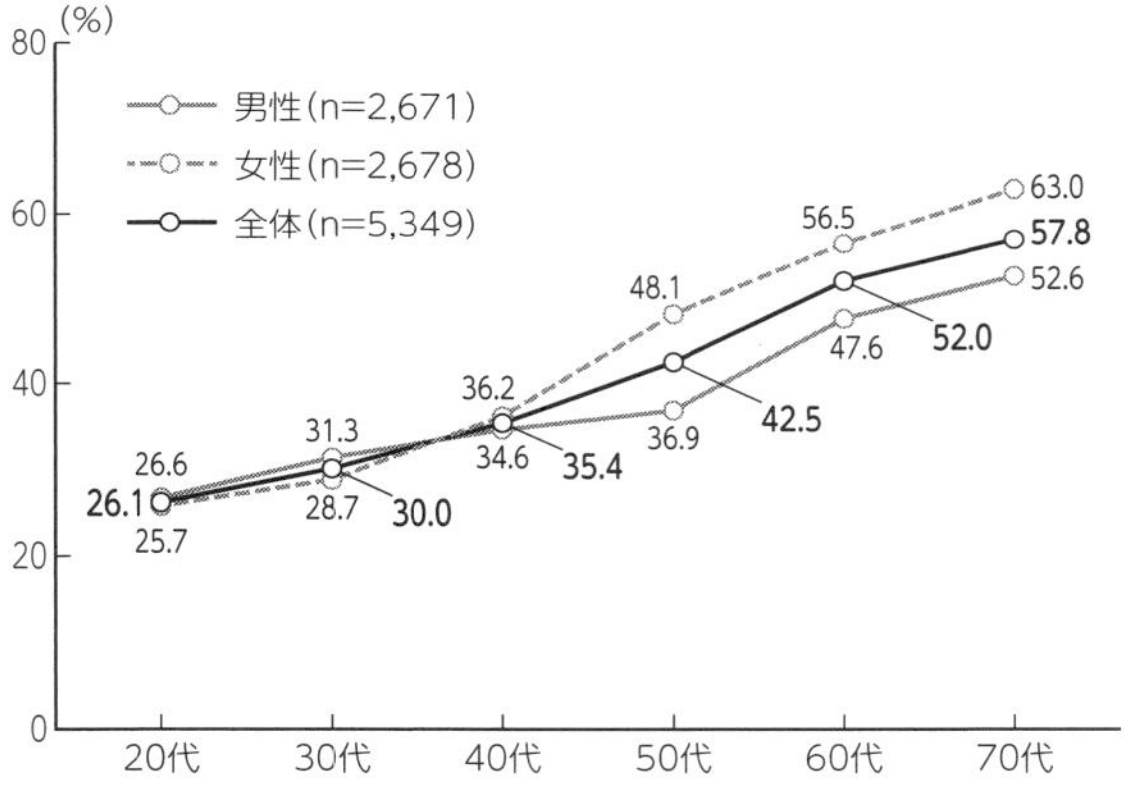

出典:「寄付白書2017」

した人は全体で約4571万人、率にして45・4%だった。年齢を重ねるにつれてその割合は高くなり、60代では52・0%が、70代では57・8%が何らかの寄付をしていた。寄付への行動と関心は、年齢とともに高まる。その集大成として遺贈寄付があるといわれる。

また、同じく「寄付白書2017」によると、NPO法人や老人クラブ、日本赤十字社などさまざまな団体へ「会費」を支払った人の割合は28・9%で、寄付か会費のいずれかを支出している人は49・4%だった。寄付金の平均額は27013円で、中央値は4千円。会費の平均額は8910円で中央値は4100円だった。

終活に関心。心の整理、墓の整理を始める

ストーリー

健康だけが取りえだと思っていたが、数年前に1度軽い胸の痛みがあった。幸い、病気とは診断されなかった。とはいえ、不安を感じる。歳をとったのだ。70歳という年齢も一つの区切り。地方に残してあった両親の家の墓を「墓じまい」し、都内の納骨堂にお骨を移した。自分たちもそこに入るつもりだ。葬儀は身内だけでしてもらいたいと、エンディングノートを書き始めている。

■終活が、自分の生き方を振り返ることに

国民生活基礎調査（2016年）によると、病気やけがの自覚症状がある人「有訴《ゆうそ》者《しゃ》」は、人口1千人あたり305・9人いる。やはり年齢が高くなるに従って有訴者率は上がり、60代で352・8人、70代で456・5人、80歳以上では520・2人になる。歳をとれば健康に不安を感じるようになるのは、仕方がないことだ。

歳をとって健康に不安が芽生えると、意識するのが終活だ。死への備えだが、同時に人生を振り返る作業といえる。終活を始めるきっかけの一つが、親の墓だ。特に地方から都会へ出てきた人の場合、地方の墓が、無縁になるケースが多い。地方の墓を「墓じまい」して、都会の永代供養墓や納骨堂に改葬する人が増えている。

厚生労働省によると、改葬の届け出件数は2014年度だけでも8万件を超え、この15年ほど毎年緩やかに増える傾向がみてとれる。第一生命経済研究所が2009年に実施した調査によると、自分の墓が「無縁になる」と考える人の割合は54・4%。子どもがいる人でも52・7%が「いつかは無縁」と回答している。親の墓のことを考え、自分が入る墓探しを契機に、終活を始める人は多い。

終活を通じて自身の人生を振り返る。実はそれが、遺贈寄付のスタートにもなる。

ポイント

●エンディングノートを書く、写真を整理するなどして、これまでの人生を振り返るきっかけに

〈表1〉こんなことを振り返ってみる

ノートなどに、以下のようなポイントを書き出してみると、自分の生き方や、今後の過ごし方をみつめ直すきっかけになります。

- 自分の名前の由来
- 楽しかったこと、感激したこと、思い出に残っていること
- 思い出に残る場所
- 苦しかったときに支えてくれた人や言葉
- 大切にしてきた信念や信条
- 成し遂げたと思えること
- やり残したと思っていること
- 資格や特技、趣味や好きなこと
- 家族との思い出
- いま会いたい人
- 自分史年表(主な社会的できごとの年表に、覚えている範囲で自分のことを記す)

相続のことを考え始める

ストーリー

妻と終活のことを話すうちに、相続でもめる、いわゆる「争族」になった近所の家族の話になった。仲の良いきょうだいだったが、遺産の分割をめぐって争いとなり、最終的に裁判になったという。父親は遺言を残していなかった。

「うちは相続なんていうほど大した財産じゃないだろう」

不動産の資産価値が約3千万円。現金と有価証券で2千万ほど。でも、それぐらいの財産でもめるケースが多いという。争いになるのはいやだ。やはり遺言を作成するのがいいのか。いずれにせよ、財産をどうするかは、きちんと考えておかないといけないなあ。

■親世代が思う以上に、子世代には相続トラブルへの不安がある

相続問題が起きるのは、裕福な資産家に限った話ではない。全国の家庭裁判所に申

し立てられた遺産分割の事案数、つまりもめたケースは増加傾向だ。2015年度で調停が成立したケースをみると、自宅などの不動産を含めた財産総額が5千万円以下の人が実に76％を占める。1千万円以下の人でも32％もいる。2015年に相続税の基礎控除額が見直されたことで、多くの人が相続税を支払う対象に含まれることにもなった。

公益財団法人「日本財団」が2017年3月に実施した「遺贈に関する意識調査」(インターネット調査。20歳以上79歳以下の男女3097人から有効回答)によると、60歳以上の相続経験者のうち18・7％がトラブルを経験したと答えている。一方、自身に万一のことがあった場合にどんなトラブルが懸念されるかをきくと、「トラブルが起きる心配はない」が81・4％だ。

だが、59歳以下の子世代にきくと、親が万一の場合には64・1％がトラブルの心配はないとしているものの、「兄弟姉妹間の配分トラブル」を12・0％の人が心配している。60歳以上の親世代では同じ項目が半分以下のスコアだった。親世代が思っている以上に、子世代は相続トラブルへの心配があることがわかる。

相続トラブルを避けるのに有効なのが遺言だが、遺言を作成している人はそう多くないのが実情だ。先の調査では「作成済み」は4・9%のみ。「いつかは作成するつもり」の「いつか」が来る前に体調を崩したり、亡くなってしまったりということは少なくない。

ポイント

- 相続の基本を知り、相続争いを防ぐ方法を考える
  ⇩（第3章・法定相続人は、意外なところに存在する　P113）
- 相続税がかかりそうなら税金対策も検討。遺贈はその手段の一つにもなる
  ⇩（第4章・遺贈をすると、節税につながることも　P155）

遺贈寄付のことを知り、関心をもち始める

ストーリー

そんなとき、たまたまテレビで遺贈寄付の特集番組を放映していた。遺贈寄付を受けた団体の活動が、どんなふうに変わったのか。亡くなった人の「思い」があるお金だけに、活動にもいっそう力が入るというコメントもあった。そして、その活動によって、どんな人が「救われた」のか。遺贈寄付をすることに決めた人が、どんな思いで遺言を作成し、いまどんな気持ちでいるのか。そんな内容の番組だった。

自分とほぼ同年代の男性だ。仕事人間で家族や地域を顧みなかったことの、いわば「罪滅ぼし」として最後に社会貢献したいと考え、万一のときには地域で活動する「子ども食堂」に遺贈することに決めたという。「人生最後のプレゼントです」。その話に共感した。「遺贈かあ……」。

■ふだんの寄付の最終形。日常の延長にあるもの

公益財団法人「日本財団」の「遺贈に関する意識調査」で、60歳以上の人に「社会貢献のために遺贈したいかどうか」をきいたところ、「遺贈するつもり」はわずか2％だった。

だが、「遺贈という言葉は知らなかったが、社会貢献のために何らかの寄付はしたいと思っていた」人が8・6％。「まだ決めていないが興味関心はある」人を加えると22・9％が遺贈を意識していた。特に、「子ども・配偶者なし」の場合、遺贈を意識する人が42・6％と半数近くにのぼった。

「寄付白書2015」では、年間5万円以上の寄付をする人（寄付者全体のうち6・8％）を高額寄付者と位置付けている。その動機を分析した項目をみると、「他人や社会のためであり、問題の解決に役立ちたいから」「社会に恩返ししたいから」「自分の幸福を感謝したいから」といった理由が上位を占める。

金額の多い少ないにかかわらず、日常的にしている寄付行為の最終的な形、日常の延長にあるものが遺贈寄付だ。約2割の人が遺贈を意識している背景としては、社会

貢献意識や恩返しの感覚があると考える。寄付白書でも、特に東日本大震災以降、こうした意識が人々の間に広がってきていることを指摘している。

ポイント

- 遺贈寄付は人生最後の社会貢献、恩返し
  ⇩（第3章・遺贈寄付のメリットは、人生の肯定や「思い」の実現などさまざま　P102）
- 財産を活かす遺贈寄付にはさまざまな方法がある
  ⇩（第3章・遺贈寄付には3つの方法がある　P107）

相談先、寄付先について調べる

ストーリー

人生をかけて形成してきた自分の財産を、社会や人のために役立てることができる。この世に残せる、社会への人生最後のプレゼントが遺贈寄付のようだ。がぜん興味がわいてきた。

そこで、インターネットで調べると「いぞう寄付の窓口」というホームページがあった。全国レガシーギフト協会が開いており、遺言の作成方法から、実際にあった遺贈寄付のストーリー、全国にある相談窓口まで掲載されている。「少しの金額でも社会の役に立てるんだ。悪くないかも」。

■サポートする団体が、全国に増えつつある

日本で初めてとなる遺贈寄付の推進団体「全国レガシーギフト協会」は2016年11月に発足した。全国的なネットワークで、無料で相談ができる中立的な窓口を全国

16か所に展開している。「いぞう寄付の窓口」(https://izoukifu.jp/)は、遺贈寄付に関心をもち始めた段階の人でも気軽に使える内容になっている。

相談窓口となる場所はほかにもある。日本財団も2016年4月に「遺贈寄付サポートセンター」を開設して、無料でサポートしている。各都道府県の弁護士会も相談にのってくれるし、司法書士や行政書士の中にも積極的に遺贈に向き合っている人はいる。だが、皆に遺贈寄付のノウハウや知識があるわけではないので注意が必要だ。

よく「遺贈は500万円以上でないとできない?」などと言う人がいる。だが、金額はいくらでもよい。たとえ1万円だって立派な遺贈寄付だ。金額の多寡ではなく、社会に役立ちたいとか、なにかをこの世に残したいといった思いや意思こそが大切だ。

ポイント

- 遺贈寄付に金額の多寡は関係ない。大切なのは「思い」だ
- 相談窓口で寄付先や方法について相談ができる
  ⇩(コラム・遺贈先の検討や、遺言作成の手助けも。遺贈寄付の相談窓口がある P81)

数ある寄付先の中から、自分の思いを実現できる先を選ぶ

ストーリー

遺贈寄付にかなり前向きになっている自分に気づく。でも、世の中のためといっても、一体どこに寄付したらいいのか。いろいろな活動分野があり、団体も星の数ほどある。

活動分野、地域、規模などをみて、寄付先を考える

最初から支援したい分野や団体がはっきりしている人は少ない。なんとなく「寄付したいけど……」という人がほとんどだろう。そんなときは相談窓口を訪ねてみたい。自分で整理するなら、以下のように自身の考えをまとめてみよう。

まず、自分がなにを願い、遺産を使ってなにをかなえてほしいのか。思いつくままでよいので箇条書きにしてみる。次に、遺贈先を個別に選びたいのか、信頼できる団体や人に任せたいのか。個別に選びたいなら、まずは活動分野を選ぶ。たとえば、子

どもの健全育成やまちづくり、国際協力、文化・芸術、災害支援、環境保全などだ。次に活動地域を海外、日本全国、都道府県、市区町村から選んでみる。

その後は、支援する団体の規模を選ぶ。誰もが知る有名な団体がいいのか。さらに、寄附金控除の適用が受けられる公益法人や認定NPO法人のような団体がいいのか、こだわらないか。段階を経て整理していくと、だんだんと絞られてくる。

また、遺贈先の選定まで任せたいとなれば、NPOを支援する中間支援組織や、地域課題を解決するために活動する団体や人たちのために、地域でお金を集めてそうした活動に活かすコミュニティ財団などが、おのずと選択肢としてあがってくる。

ポイント

●支援先を選ぶには、段階を踏むと自分の考えを整理しやすい

⇩（コラム・遺贈先の検討や、遺言作成の手助けも。遺贈寄付の相談窓口がある　P81）

●財産のコンサルティングと遺贈のサポートをあわせて依頼することもできる

⇩（第4章・遺言よりも幅広いケースに対応できる信託　P164）

〈図2〉 寄付先を選ぶには

❶	活動分野を選ぶ	保険・医療・福祉／社会教育／まちづくり／観光／農山漁村・山間／文化・芸術・スポーツ／環境保全・自然／災害救援支援／地域安全／人権・平和／国際協力・交流／経済活動活性化／子どもの健全育成／男女共同参画社会／科学技術の振興／情報化社会／雇用促進・支援／消費者保護／NPO支援　など
❷	活動地域を選ぶ	海外／日本全国／都道府県／市区町村
❸	団体の規模を選ぶ	誰もが知る団体……　例）ユニセフ、日本赤十字社など 小規模の団体……　例）患者の会など
❹	税制適格があるか	寄附金控除が受けられる団体／特にこだわらない

※生前から寄付を行い、所得税の寄附金控除を受ける場合。

参考：『遺贈寄付ハンドブック』（遺贈寄付推進会議編）

現金で金額を指定して遺贈をするのが基本だが、現金以外を贈りたい場合や、遺産をまとめて遺贈したい場合は、それを受け入れている団体を選ぶ必要がある。

寄付先を見学したり、少額の寄付をしてみる

ストーリー

仕事でアジアに出向き、開発問題を間近にみた経験もあるので、「子ども」や「環境」が寄付先を検討するときのキーワード。いくつか候補をインターネットで調べて、実際に団体の事務所や活動場所に行ってみた。

ある団体では活動について知りたいと言うと、パンフレットなどを使って一所懸命に説明してくれた。そうかと思うと、別の団体では入り口を開けた瞬間、胡散《うさん》臭そうな目でみられ、声もかけてこない。寄附金控除について親切に教えてくれる団体もあった。明るい雰囲気の事務所もあれば、なんとなく暗い雰囲気のところもある。

試しに実際に寄付をしてみると、ある団体からは丁寧な感謝の手紙と、どのように寄付金が使われているかの詳細なレポートや、団体の財務状況の詳細が送られてきた。別の団体からは感謝の手紙はあったが、あとは「次の寄付を」と要求するような案内だけが同封されていて、なんとなくいやだった。

それにしても、同じように社会貢献活動をしていても、団体によってこんなにも対応が違うものなのか。信用力も当然、異なる。でも、おかげでどこに寄付しようかと、徐々に腹は固まってきた。

■活動内容の説明を受けるだけでもいい

認定NPO法人「国境なき医師団日本」が2017年に実施した調査（インターネット調査。全国の15～69歳の男女1千人を対象）で、「遺贈をするとしたらどのような分野に役立ててほしいか」を尋ねると、「人道支援」が最も多く49・2％で、次いで「災害復旧支援」（35・1％）、「教育・子育て・少子化対策」（26・8％）などと続く。分野はさまざまにある。先に示したような考え方で整理するとよい。

公益財団法人「日本盲導犬協会」によると、以前は遺贈を希望していた人が亡くなった後で突然、弁護士らから遺贈の連絡をもらうことがほとんどだった。だが、東日本大震災以後、はっきりとした変化があるという。希望者が直接訪問して協会の活動状況をきいたり、施設を見に来たりすることが多くなった。アポイントなしのこともあるという。

自身の大切なお金を託すのだから、可能ならやはり直接、活動内容の説明を受けることが望ましい。遺贈寄付のことは口にしなくてもいい。直接、事務所などに行けば雰囲気もわかる。NPO法人などが開催する報告会や説明会に参加するのも一つの方法だ。おすすめは、試しに少額の寄付をしてみることだ。その後の対応によって、団体の事務能力や信頼性などを判断してみよう。

ただし、不動産を遺贈したい場合はきちんと寄付先の団体と相談してほしい。ほとんどの団体は不動産の形では寄付を受け付けていないからだ。

ポイント

- できれば実際に団体事務所や活動場所を訪問して、信頼できる団体かを見極める
  ⇩（コラム・遺贈先の検討や、遺言作成の手助けも。遺贈寄付の相談窓口がある P81）
- 少額の寄付を試してみて、反応をみるのもいい

相続トラブルを招くことがないようにしたい

ストーリー

遺贈寄付の話を妻にすると、すぐに賛成してくれる。「子どもたちもきちんと家庭をもっている。少しぐらい世の中のために使いましょうよ」。

ちょうどお正月で子どもたちが家に来る。いい機会だと、話を切り出す。最初、息子は「親父は変な団体に騙されているんじゃないのか?」と反対。娘のほうは賛成。遺産すべてではなく、あくまで一部だけを寄付することや、なぜ自分が遺贈寄付をしたいと思ったのかを説明した。すると、息子も最後は「自分たちにも遺してくれるというし、親父の思いは納得した」。

ついでに姉にも一応、電話で話しておく。「あなたが積み上げてきた財産なんだから好きにすれば。私は関係ないでしょ。でも、素敵よね、自分の思いが伝わるなんて。私もしようかな」。

■事前に家族に話をするかどうかの判断は難しい

家族に意思を伝えるかどうかは悩ましい。家族どうしの関係性は、家族の数だけある。日ごろからどのような関係性なのかによって、話をしないほうがいい場合もある。話すことによって、かえって争いを引き起こしかねない場合もあるからだ。

自分の遺贈寄付の意思は固いか。反対されたら取りやめるか。やるからには家族を説得して、皆が「良い」と思える形にしたいのか。家族が納得していれば、遺贈がきちんと実現される可能性は高まるだろう。総合的に考えて、事前に言うか言わないかは判断したい。相談業務経験者にきくと、実際には生前に家族に話をする人は少ないという。

法定相続人のうち配偶者や子ども、親には、遺産の一定割合の相続が保証された「遺留分《いりゅうぶん》」がある。遺言で遺贈しようとする場合、この遺留分を侵さないことが大切だ。家族に伝えずに遺言を作成して、遺留分侵害があると、せっかくの遺贈が実現されない場合もある。なお、故人のきょうだいには遺留分はない。

ポイント

●家族に遺贈の意思を伝えるかどうかは難しい問題。実際は伝えないことが多い

⇩（第3章・遺言がない場合の相続財産の配分は、法律で決められている　P116）

⇩（第3章・遺言を確実に執行してもらうために　P125）

確実に遺贈を実行できるよう、遺言を作成する

ストーリー

100万円を、子どもの貧困に取り組む団体と、難民支援をする団体に均等に寄付しようとほぼ腹は固まった。だが、遺言を作成することになかなか踏み切れない。やはり自分が死ぬということを、どこかで認めたくないのかもしれない。なんとなく先延ばしの日々。

そんなある日、胸が急に痛む。尋常ではない。救急車を呼び緊急入院。一命は取り留めたが、軽い心筋梗塞だった。「いつ逝くかわからない」。

退院後、全国レガシーギフト協会の相談窓口に出向く。窓口で紹介された弁護士リストのうちの一人に相談しながら、公正証書遺言を作成し、遺言執行者には弁護士を指定。付言事項には家族への感謝や、遺贈をしたいと思った理由など「思い」を記した。

■遺言の形式はさまざま。公正証書遺言なら実行性が高い

いよいよ遺贈を決めたら、遺言を作成しよう。遺贈寄付には、遺言のほかにも、相続人が相続財産から寄付する方法や、信託を使う方法がある。

遺言には主に自筆証書遺言と公正証書遺言がある。遺言は正確な内容であること。保管がきちんとされて、いざというときにきちんと使われないと意味がない。そのためには、公正証書遺言がやはりおすすめ。さらに、遺言を実行するための人「遺言執行者」を指定することが大切だ。信頼のおける人に頼もう。

遺言には、法的効力は伴わないものの、家族への感謝などを書き込む「付言事項」をつけることができる。遺贈寄付をなぜどんな思いで決めたのか。事前に家族に伝えていない場合には特に、そうした思いを記しておくとよいだろう。

ポイント

●遺言による遺贈の場合は遺言執行者を指定する

⇩（第3章・遺産に関する意思を遺言に残す　P120）

⇩（第3章・遺言を確実に執行してもらうために　P125）

●信託という方法もある

⇩（第3章・遺贈寄付には3つの方法がある　P107）

⇩（第4章・遺言よりも幅広いケースに対応できる信託　P164）

遺贈寄付に込めた気持ちは、未来につながる

ストーリー

まだ遺言を作成し直す可能性もあるし、自慢気にするのは恥ずかしい。だから、寄付先の団体には連絡していない。だが、どうせなら生きているうちから寄付しようと、マンスリー会員になって寄付を始めた。

妻も刺激を受けたのか、別の団体に寄付を始めた。

「ああ、なんだかすごく安心した。貧者の一灯かもしれないが、わずかでも社会のためになにかを残せる。自分の思いが世代を超えてつながっていくんだ。ちょっと死ぬのが怖くなくなったような気さえする」。

そんなことを考えていたら、「おじいちゃん、嬉しそうだね。なにかいいことあったの？」と小学1年生の孫が背中におぶさって来た。未来が肩に載ったような気がした。

■人生を前向きに生きる力にもなる

終活で、墓や葬儀のことを決めると「安心した」と口にする人が多い。だが、終活で最も大切なのは、自身の生き方を振り返り、最後にどのように人生を締めくくるか、そのために残された時間をどんなふうに生きていくかを考えることではないだろうか。

高齢になると、体の自由も徐々にきかなくなってくる。仕事もなければ、なんとなく自分が社会的にどんな意味のある存在なのか自信がなくなり、悶々としてしまうことだってあるかもしれない。家族や周囲に迷惑をかけているのではないか、と悩むこともあるだろう。死が身近になれば、不安や恐怖を感じるときもあるに違いない。

遺贈寄付によって自分が社会的に意義ある存在だと再確認できれば、自尊感情が高まる。それは、残りの人生を前向きに歩むことにつながる。生き方を反映させる、最後のお金の使い方に思いをめぐらすことは、自分の歩んできた人生を肯定することにつながるだろう。

自分がいなくなった後も、自分の思いが社会で生きる。次世代になにかを残す。ちょっと想像してみてほしい。それは素晴らしいことではないだろうか。

コラム

遺贈先の検討や、遺言作成の手助けも。無料の相談窓口がある

少しでも興味があれば、無料で相談にのってくれる

遺贈寄付に関心がある。でも、手続きは難しそうだし、どこにどんな団体・活動があって、そもそも信頼できるかどうかもわからない――。

いま、そんな悩みに応えるように、遺贈寄付を考える人たちのための相談窓口が、各地で動き始めた。弁護士や司法書士といった専門職を紹介したり、団体選びの相談にのったり、実際の遺言作成のサポートをするところもある。

背景にはやはり、遺贈寄付への関心の高まりがある。超高齢化・多死社会を迎え、「終活」をして亡くなる高齢者が増えているという現実や、東日本大震災以降、社会全体で寄付への関心が高まってきたこともある。国家が解決できずに市民が動かなければならない課題も数多く、活動のための資金として寄付、なかでもまとまった金額となることの多い遺贈寄付に対して、公益法人やＮＰＯ法人側の関心が高まっている

ことも背景にはあるだろう。

本書で紹介する窓口は、いずれも無料で相談にのってくれる。特定の団体や活動を押し付けることもない。「なんとなく」といった漠然とした段階でも問題ない。考えを整理できるし、相続や遺言に関する知識を得ることだって可能だ。たとえ遺贈寄付はしないことにしたとしても、決して無駄にはならない知識だ。

関心をもったら、まずは気軽に問い合わせてみてはどうだろう。

▼「全国どこでも相談」を目指すネットワーク 一般社団法人「全国レガシーギフト協会」

●ポータルサイトで充実した情報を検索できる

全国どこでも遺贈に関する相談や、信頼できる団体の紹介などをできるようにしたい。遺贈寄付相談組織の全国ネットワークを目指し、弁護士や税理士、NPO法人などが2016年11月、「全国レガシーギフト協会」（代表理事：堀田力・公益財団法人さわやか福祉財団会長）を設立した。同時に、インターネットで「いぞう寄付の窓口」（https://izoukifu.jp/）というポータルサイトも開いて、遺贈寄付に関する基本的な知識がすぐに得られるようにした。レガシー（legacy）とは「遺産、遺贈財産」の意だ。

窓口に直接行かなくても、まずはこのポータルサイトを活用するといい。以下のようなことがわかる。

（1）協会には、地域でNPO法人の支援をしている全国のコミュニティ財団協会や日本ファンドレイジング協会などを核に、16団体（2017年12月末時点）が相談窓口として加盟している。サイトでは各窓口が紹介され、リンクも張られているので検索が便利だ。

なお協会は、この窓口をできるだけ早い時期に全都道府県に広げる考えだ。いずれは、たとえば東京で暮らしている人が、故郷の兵庫県で遺贈をしたいと希望した場合など、地域の窓口が連携をとりながら対応できるようになるとしている。

（2）「遺言文例選択ツール」の利用。「配偶者はいますか？」などの質問に答えることで、自分の相続人が誰かを確認し、相続人のパターンに応じた代表的な遺言の文例が出てくる。

（3）遺贈寄付に関する疑問に専門家が答えるQ＆Aコーナーがある。

●遺贈寄付を広げるための社会環境を整備

協会はこうした相談事業以外にも、遺贈寄付を広めるための社会環境整備に力を入れる。たとえば、遺贈寄付を受けるNPO法人側も、まだ受け入れ態勢が整わない団体が少なくないことから、遺贈に関する知識や手続きを学ぶ講習会を開催。自治体や

ホームページ「いぞう寄付の窓口」より

公証役場にも遺贈寄付への協力を働きかけたり、土地による遺贈をする場合に生じる税制上の課題といった制度面での改善を国に働きかけたりもしている。

「大きな額のお金が大きな団体に回るだけが遺贈ではありません。身近なところで、身近な団体に、たとえ少額でも志を寄せる。寄付や遺贈の『地産地消』が広がるように応援したい」と、協会理事の山北洋二さんは話している。

▼全額を希望する活動に活かせる公益財団法人「日本財団」

●基金の設立、不動産による遺贈寄付の受け入れなど、幅広く担う

公益財団法人「日本財団」は2016年4月、「遺贈寄付サポートセンター」を開いた。遺贈に関する電話・訪問相談を受け付けている。50年以上にわたり6万件を超す社会貢献活動を実施・支援してきた強みを活かし、希望に沿った使い道を一緒に考えたり、寄付先の団体の紹介をしたりする。日本財団に遺贈する場合は、遺言の作成もサポートする。開設から1年間で1400件以上の相談があり、実際に18件(2017年3月末時点)の遺言の作成があった。

もし日本財団への遺贈を望んだ場合、そのお金を使って社会貢献事業を立案したり、遺贈者の名前を冠した基金を設立したりもできる。税制上の問題などから、不動産の遺贈を受けない団体が少なくないが、日本財団の場合、条件付きではあるが不動産も受け付けている。

寄付金が適切に使われているかどうかまでチェックしてくれる

遺贈したお金を日本財団で基金にして、実際には別の団体がそのお金を使う場合、事業がきちんと行われているか、団体の事業・会計監査も日本財団が担う。日本財団に対して事務費など間接経費を払う必要がなく、全額を希望した活動に活かすことができるのが特徴だ。

もともと、サポートセンター開設は、遺贈に関する財団への相談件数が増えていたことが背景にある。2013年75件、2014年80件、2015年150件。実際に遺贈を受け入れ、執行したケースもある。

たとえば、身寄りのない女性からの1億5千万円で、ミャンマーに障がい児教育施設を建設した。また、看護師志望だったひとり娘を交通事故で喪った女性からの3千万円をもとに冠基金をつくり、末期の病の人たちが自宅で暮らすようにして人生最後のときを過ごすための場「ホームホスピス」運営に活かしている。

「高額でなくても、財産の一部でも遺贈はできます。なかには、福祉車両の購入にと相続した財産から130万円を寄付される方もいらっしゃいました。大切な財産のことです。ぜひご相談を」とサポートセンターでは呼びかけている。

「自筆証書遺言作成マニュアル」と封筒、専用便せんをセットにした「自筆遺言書作成キット」も無料で配布している。

遺贈寄付サポートセンター専用のサイトもある（https://izo-kifu.jp/landingpage/20170901/）。

〈図3〉遺贈寄付による社会貢献事業の支援

① 事業計画の立案

事前に決めた寄付者の希望する社会課題に沿って、その時代に合った事業計画を立案する。

↓

② 事業の実施

日本財団が直接事業を実施するほか、その分野で専門性を持つNPO法人などを支援することによって、事業を進める。

↓

③ 事業・会計報告

透明性のある会計報告を行う。

↓

④ 監査

支援したNPO法人の事業監査・会計監査を行い、社会貢献事業が希望通りに適切に行われているかをチェックする。

参考：日本財団遺贈寄付サポートセンター
パンフレット

遺贈者のライフヒストリーを伝えることもできる公益財団法人「パブリックリソース財団」

オリジナル基金を創設し、後世に名を残す

オンライン寄付サイト「Ｇｉｖｅ Ｏｎｅ（ギブワン）」の運営など、寄付による社会活性化を目指して活動する公益財団法人「パブリックリソース財団」。ガバナンスや人権、環境対策など企業の社会性評価に取り組んできた実績があるだけに、ＮＰＯ法人の財務状況などを調べ、遺贈寄付を希望する人たちに信頼できる団体の紹介をする。同時に、２０１６年からは「オリジナル基金」創設に力を入れている。

オリジナル基金とは、応援したい活動分野や地域などに関する寄付者の要望をききながら一緒に独自の支援プログラムをつくり、基金をその活動費に充てる仕組み。基金に名前を冠することも可能だ。また希望すれば、寄付者の基金設立に寄せる思いや、どんな人生を歩んできたのかというライフヒストリーをパンフレットにまとめられるのが大きな特色だ。基金の最低額は１００万円で、実際には数億円まで多様だ。これ

までに7件が創設され（2017年11月時点）、さまざまな形で社会に活かされている。

創設された基金の一つが「井上圭子メモリアル基金」だ。病気がちの人生を過ごした井上さんは、アートに情熱を傾けて400点以上の絵画などを残して亡くなった。そんな井上さんの遺産を活かし、アートの力で人生を豊かにする活動を応援したい。そんな井上さんの弟からの相談を受けて基金を創設。療養する子どもたちに付き添う家族向け宿泊施設にアート作品を贈るアート制作プロジェクトに活用している。

岸本幸子・専務理事は「事故でお子さんを亡くされたご両親が、賠償金を使って貧困状況にある子どもたちを支援なさるなど、家族が故人の人生を振り返り、大切にしてきた価値観を伝えたいと望まれる相談が目立ちます。ライフヒストリーを記載したパンフレットを制作することを通じて、その方の人生を祝福するような寄付を実現したい。そんなお手伝いをしたいと思います」と話している。

財団では、葬儀のさいに香典をくださった方への「香典返し」の分を寄付に、という呼びかけもしている。香典返しをしない代わりに寄付とする。その旨を記した会葬者への御礼状を財団が用意することも可能だ。

〈図4〉パブリックリソース財団の基金のしくみ

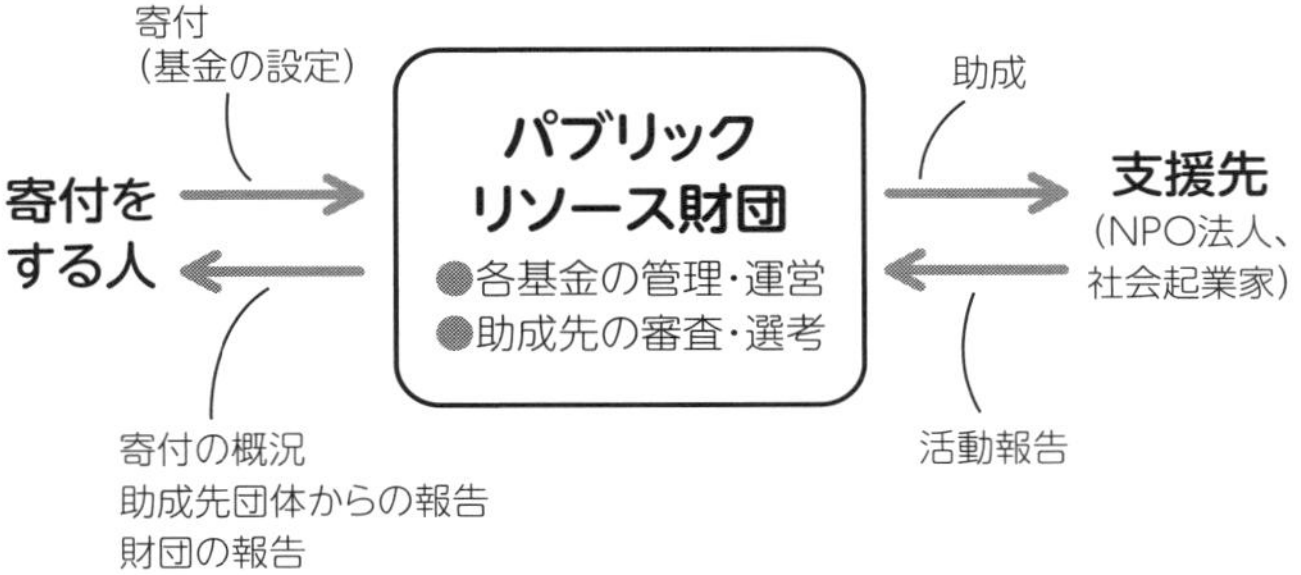

参考：パブリックリソース財団「ご寄付に関するガイドブック」

また財団では、遺贈寄付をスムーズにしてもらえるようにと「ゴールデンエイジの社会貢献を実現　ご寄付に関するガイドブック」を作成した。財団のホームページからダウンロードできる。

◆財団のホームページ
http://www.public.or.jp/

◆オンライン寄付サイト「Give One（ギブワン）」
http://www.giveone.net/cp/pg/TopPage.aspx

▼地域福祉の重要な担い手、社会福祉協議会

●福祉やボランティアのネットワークを活かして、遺贈にかかわる

各地域にある社会福祉協議会（社協）が、遺贈にかかわる例が増えてきた。遺贈寄付の受け入れ先として機能すると同時に、他の団体を紹介する社協もある。

社協は、社会福祉活動を推進することを目的とした非営利の民間組織。各都道府県、市区町村で、福祉サービスや相談事業、ボランティアや市民活動の支援など、さまざまな活動をしている。地域福祉の重要な担い手の一つだ。

●地域密着、個人密着だからできること

２０１７年11月23日、福岡市内で「ふくおか遺贈寄付フォーラム」が開かれた。主催したのは地元のＮＰＯ法人関係者や福岡市社協。遺贈寄付を考えている人、それを受ける側の団体、間をつなぐ司法書士などが一堂に会し、お互いの課題や役割などを熱心に話し合った。地域で暮らした人たちが、最後に地域のためにお金を使う。いわ

ばお金の「地産地消」を目指し、地域で遺贈寄付を盛り上げていく新しい動きが始まった。

福岡市社協は「ずーっとあんしん安らか事業」という、生前に死後のサポートを約束する市民向け事業を２０１１年から展開してきた。市内に住む、子どものいない75歳以上の人で生活保護を受けていないことなどを条件に、生前の定期的な安否確認のほか、死後の葬儀・納骨、残った家財の処分などの死後事務を預託金によって担う事業だ。

この事業を一つのきっかけとして、福岡市社協は遺贈に向き合うようになった。というのも、この事業では、預託金の残金など財産を引き渡す相手がいない場合、公正証書遺言を作成することで遺産などの扱いを指示することが利用条件になっているからだ。

「事業の利用につながらなくても、ご相談にのるなかで、ご本人にとって遺言作成が必要な状況であれば作成に前向きになることが多い。遺贈の相談というより、その方の終活全般の相談に対応している中の一つに遺言があり、そこに遺贈が含まれている形です」と事業を担当している吉武ゆかりさんは説明する。

遺贈の意思があれば、遺贈先を決めるさいのポイントを伝えたり、社協が団体を紹介したりしている。そのため、社協自身が遺贈先となることはもとより、結果的にほかの団体へ仲介したかっこうになることもある。

●社協が遺言執行者となり、亡き後の寄付までサポートしてくれる

１１１人（２０１7年8月時点）の事業利用者のうち約60人が、遺言を作成したか、作成中の段階にある。これまで、社協以外の団体として交通遺児のために活動する全国組織や、地域の子どものために活動する団体などを紹介しており、ときには社協が遺言執行者になるケースもある。

社協が遺贈対象になる場合は、指定がなければ事業全体に使わせてもらうことになるという。よりきちんと遺贈を受ける態勢を整え、使途もはっきりと見えるようにしたいと、現在「遺贈プロジェクト」を立ち上げている。スタート事業として遺贈に関するパンフレットを作成。また、「安らか事業」への相談を窓口とするのではなく、「終活相談窓口」（仮称）という専門窓口の設置を検討中だ。

地域に寄付の受け入れ先があることを広く知らせたい

横浜市社会福祉協議会も遺贈に積極的に取り組む。2013年には遺贈に関するパンフレットのほか、15秒間のビデオも作成して、市内を走るバス車内で流した。「あなたの残す大切な財産が地域に暮らす人々の生活を支えます」と遺贈寄付の受け入れをアピールする。

以前から社協への寄付は、善意銀行や障害者年記念基金など3つの基金に組み込み、運用益を地域のさまざまな福祉活動への助成に活かしてきた。低金利が長く続いて基金の運用益が減ったこともあって、寄付の促進をはかることで地域でのお金の循環をさらに加速させようと考えた。その一環として、遺贈にも積極的に取り組み始める。ちょうど遺贈が実際に寄せられたことも背中を押した。

2009年から2017年（8月末）までに16件の遺贈寄付があり、うち9件が親族から、残りは司法書士など専門職からの申し出だ。額は計4億6千万円になる。公正証書遺言に基づくものが多く、福祉サービスを利用した市内の人からの「お世話になったから」といった、恩返し的な内容もあるという。

「親族のいない方が亡くなるケースが増えている。住民が住民を支える活動の資金として大切に活かしていきたい」と市民活動支援課長の吉嵜智洋さんは話している。

社協は地域福祉に深くかかわる。もし、地域の福祉に自身の遺産を活かしたいと思ったら、地元の社協に問い合わせをしてみてはいかがだろう。まだ社協ごとに遺贈への取り組みには濃淡がある。ご自身で確認してみてほしい。

▼遺贈をしたい人たちが、遺贈先に求めること

●「確実に公益のために使われること」が重視されている

遺贈寄付先として重視されるのはどんなポイントなのだろう。

認定NPO法人「国境なき医師団日本」が2017年に実施した調査（P71）では、遺贈に前向きな人が6割以上いることがわかっている。この遺贈に前向きな人たちに遺贈先として重視する点をきくと（複数回答）、「営利目的でない」（47・4％）、「資金の使い道が明確」（41・4％）、「活動内容に共感できる」（39・8％）、「公益性が公に認められている」（32・6％）などと続く。

「広く認知されている」（14・6％）や「寄付の税制優遇措置（寄附金控除）が受けられる」（10・2％）は意外と低い位置付けで、公益性や共感できるといった、活動内容が重視される傾向がみてとれた。

同じ調査で、遺贈に前向きな人が希望する「寄付を役立ててほしいこと」（複数回答）は、「人道支援（飢饉、病気、貧困に苦しんでいる人々への医療・食糧支援な

ど）に」が最多で49・2％だった。以下、「災害復旧支援に」（35・1％）、「教育・子育て・少子化対策に」（26・8％）、「医療技術の発展に」（25・0％）などと続く。

●活動内容、資金の使途を明確に伝えているか

さらに同調査は、遺贈でどのようなことに不安を感じるかを尋ねている。複数回答で上位になったのは「遺贈の方法（どのような手続きが必要か不安）」が50・2％、「寄付する団体選び（詐欺にあわないか不安）」47・6％、「寄付した遺産の使い道（どのようなことに役立てるかわからず不安）」が37・3％、「寄付する団体の活動内容（公益性があるか不安）」が33・1％などだった。

団体・活動内容に関する不安が大きいことがわかる。きちんとした活動であることを、いかに正確に伝えるか。ＮＰＯ法人や公益法人など遺贈を受ける側が問われている。

こうした不安を払拭できる団体かどうか。それがある意味、遺贈寄付先を選ぶさいの、わかりやすい判断基準かもしれない。

〈図5〉遺贈寄付先に選ばれる団体の活動分野の例

保健・医療・福祉　社会教育　まちづくり

観光　農山漁村・山間

文化・芸術・スポーツ　環境保全・自然　災害救援支援

地域安全　人権・平和

国際協力・交流　経済活動活性化　子どもの健全育成

男女共同参画社会　科学技術の振興

情報化社会　雇用促進・支援　消費者保護

NPO法人支援　……など

参考：全国レガシーギフト協会「いぞう寄付の窓口」ホームページ

第3章

遺贈寄付をするための、相続&遺言の基本

メリットは、人生の肯定や「思い」の実現などさまざま

この章では、遺贈寄付に関する法律や税などの制度について説明する。実際に遺贈寄付をしたいと思ったとき、遺言の作成方法や遺言執行者の指定など、やはり注意しなければならないことがある。

そうした点にさえ注意すれば、遺贈寄付は寄付をする側にもメリットがある。まずなにより、自分自身や家族の「思い」を活かすことで、次世代の人たちの役に立てる。自分の生だけでは見届けられない「未来」につながる。この満足感は何物にも代えがたいに違いない。

自分がいなくなった後も、意思を託したお金が他者を救うかもしれない。よりよい社会づくりにつながるかもしれない。そう思うことで、自身の歩んできた人生を肯定的に受け止めることができるだろう。

そのことによって、死に向き合う恐怖のいくばくかでも軽減することができるので

はないか。亡くなった人の思いを実現することが、残された者にとって喪失の悲しみを癒すグリーフワークにつながる。

そしてもう一つ、遺贈寄付には現実的なメリットもある。相続税額を軽減することができる可能性があることだ。詳細は後述するが、特に第三者の法人への遺贈の場合は、相続税を計算するさいに、原則として財産額から遺贈分が除かれて計算される。

■使ってほしいところにお金を

さらに、遺言や信託を用いて遺贈寄付をすれば、相続人がいない場合でも思いを実現することができる。

子どもがいない、結婚していないなど、さまざまな事情で相続人がいない人は、少子高齢化が進む現在、どんどん増え続けている。相続人のいない財産は、最終的に国庫に納められる。しかし、遺贈寄付をすることによってそれを避け、自身が使ってほしいところにお金を振り向けることができるのだ。

遺贈寄付とは、遺産を家族以外へ寄付すること

■財産のゆくえは、残された人同士の話し合いで決まる

人が亡くなれば、故人の財産は「法定相続人」といわれる親族関係にある人たちが相続することが多い。お金や土地の所有権といった財産上の権利と、借金の返済や連帯保証といった義務を継承するのだ。

故人（被相続人）が遺言を残しておらず、法定相続人が複数いれば、全員が協議して遺産の配分を決める。これを協議分割という。

遺産相続の基本的な流れは図6を参照してほしい。遺言のない場合、法定相続人のうち、相続を放棄したり、相続する権利を失ったりした人を除いた人が相続人となる。

■遺言による社会・次世代へのプレゼント

遺贈は財産の一部または全部を、遺言によってあらかじめ決めておいた相手に対し

贈与することをいう。法定相続人の範囲にしばられず、友達などの個人や、ＮＰＯ、学校といった法人など、自分があげたいと思う人に財産を配分する。その意思を、生前のうちに遺言にしておくのだ。

　では、この本の中でも、これまで特に注釈をつけずに用いてきた「遺贈寄付」とはなんだろう。遺贈であることにはなんら変わりないのだが、家族・親族以外の第三者への死後の寄付であることを明確にした言い方だ。自分の財産の一部または全部を、ＮＰＯ法人や公益法人、学校、地方公共団体などに遺言で寄付する。人生の総決算ともいえる遺産を、社会や困っている人たちのために、自分の生前意思によって活かす方法をいう。遺言による社会・次世代へのプレゼントとでもいえようか。

〈図6〉亡くなった後の財産の流れ

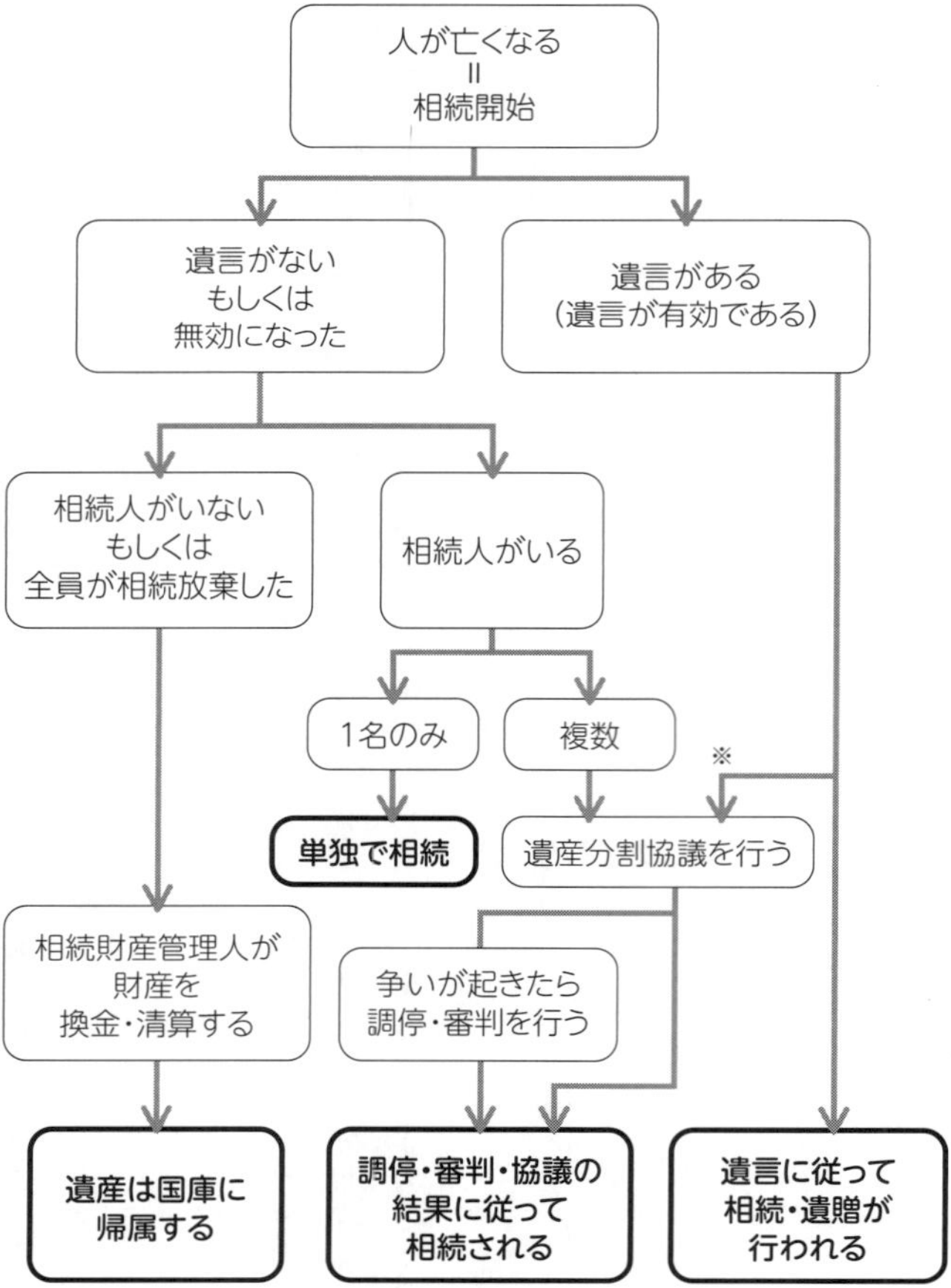

※遺言があっても相続人全員の合意があれば遺産分割協議は可能。

遺贈寄付には3つの方法がある

■遺したお金を寄付する方法は、遺言だけではない

遺贈寄付には遺言による寄付（遺贈）以外にも方法が2つある。ややこしいことを言うなといわれそうだが、相続財産からの寄付と、信託による寄付というのがそれだ。遺贈寄付の普及促進をはかる「全国レガシーギフト協会」の遺贈寄付に関する定義に本書は依っている。細かい違いのようだが、後述するように相続税の扱いが異なるので注意したい。

なお、「死因贈与契約」で財産を寄付する方法もある。寄付者の死亡時点で効力が発生する契約を寄付先と結ぶ。双方で契約書を保管すれば、遺言に比べて無効になったり、紛失したりというリスクが小さくてすむ。寄付内容を事前に知られるのが嫌な人には不向き。これも広い意味では遺贈寄付の一種だが、本書では扱わない。

〈図7〉誰の意思で寄付されるかによって異なる

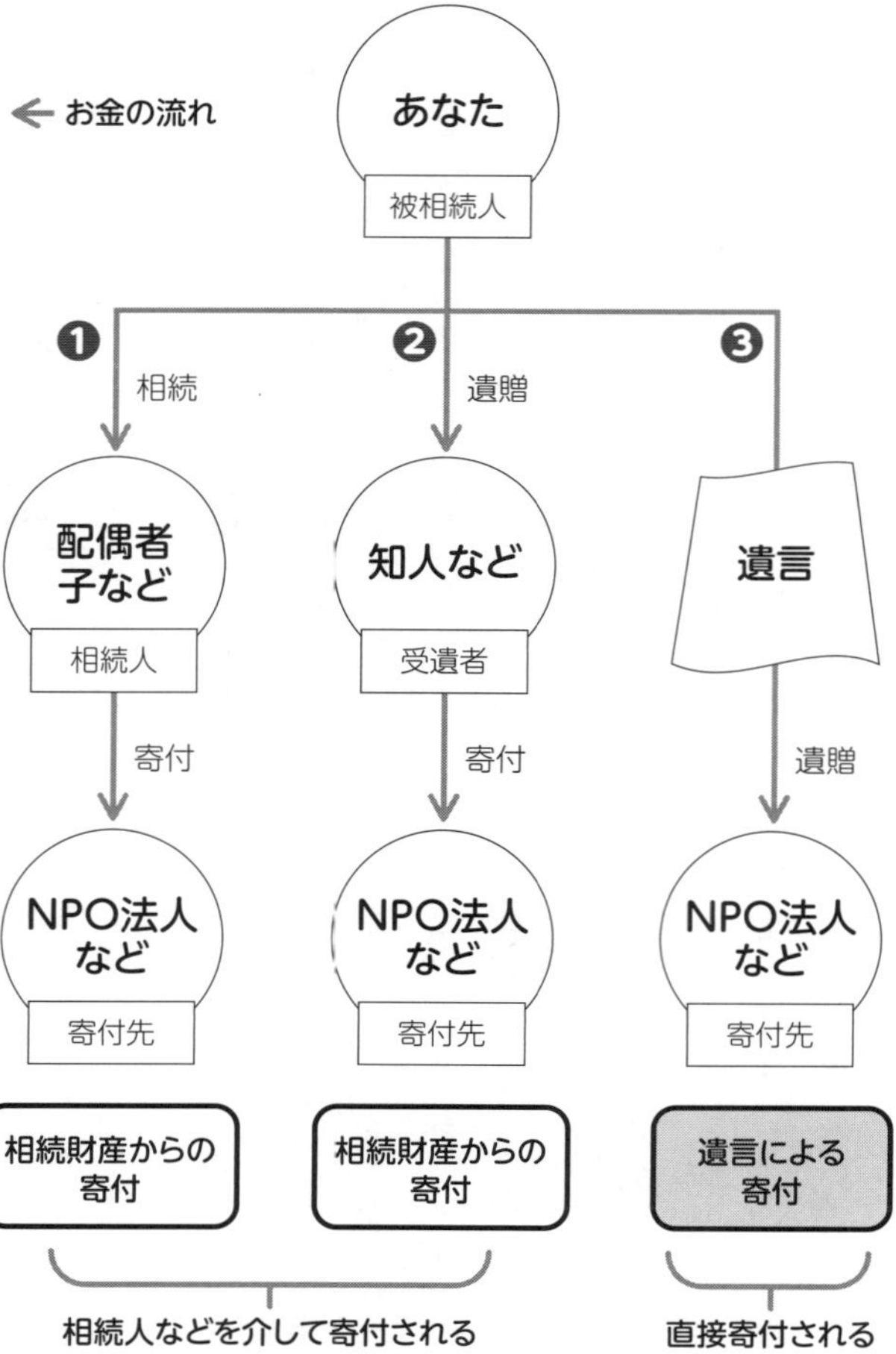

■相続した人が故人の思いをくんで寄付するのも、一つの方法

相続財産からの寄付とは、相続した財産の一部または全部を、遺族ら相続人の意思によって寄付することをいう。たとえば、故人が遺言は残していなくてもエンディングノートに寄付のことを書いていたり、家族らにおりにふれて希望を語ったりしておくことで、遺族がその希望を忖度し、尊重して寄付をする。もしくは、そうした直接の指示がなくても、「ああ、あの人は犬が好きだったから盲導犬関係の団体に少し寄付しようか」など、故人のことを思って自発的に相続財産の中から寄付をする。

相続人ばかりでなく、たとえば遺贈を受けた故人の友人（遺贈を受けた人のことを受遺者という）が、譲り受けた財産からNPO法人などに寄付するのも相続財産からの寄付にあたる。遺贈だとNPO法人などに財産が直接渡るのに対し、相続財産からの寄付の場合は相続人や受遺者を経由するわけだ。

遺贈と相続財産からの寄付の違いはつまり、どこにどれだけ寄付するかを決めるのが誰かという点だ。故人その人なのか、相続人など遺産を譲り受けた人なのか。図7でいえば、❶と❷は相続財産からの寄付、❸は遺贈だ。

〈表2〉遺贈寄付の3つの方法

方法	遺言による寄付	相続財産からの寄付	信託による寄付
実際に寄付をする人	あなたが指定した遺言執行者	あなたの家族など	信託銀行など
やり方	遺贈先と金額などを明記した遺言を作成する。	家族などに遺産を寄付したい旨を話したり、手紙を残したりする。	財産を信託銀行などに信託する。死後に寄付されるよう契約で定める。
メリット・デメリット	自分の意思を実現しやすい。遺言作成に手間と時間がかかる。	自分の意思が実現できるかどうかは、家族にかかっている。	お金のプロが確実に寄付を実行してくれる。契約や手続きに費用がかかる。

■財産に余裕があるなら信託を使い決めておくことも

信託による寄付は、生前に信託銀行や信託会社などに財産を信託しておく方法だ。公益信託や生命保険信託、家族のための信託などさまざまな形がある。信託を引き受けてくれる会社などと契約し、将来相続の対象となる財産の全部または一部をＮＰＯ法人や社会福祉法人などに寄付することを決めておくのだ。

ただし、契約や手続きに費用が必要で、相応の財産があることが条件となる。

信託については、章を改めてまとめて説明する（↓Ｐ１６１）。

寄付するときは、現金で金額を指定して行いたい

■配分を割合で示す「包括遺贈」と財産を指定する「特定遺贈」がある

遺贈にはほかに「包括遺贈」と「特定遺贈」という分類もある。

特定遺贈のほうがイメージしやすいだろう。たとえば「100万円をAに遺贈する」「××の不動産はBに」といったように、贈与する財産を個別に特定してあげること。これに対し包括遺贈とは、財産内容を個別に特定しないで、「全財産をCに」とか「全財産の3分の1をDに」など、配分割合を示してあげることだ。

包括遺贈では、遺贈を受けた受遺者には相続人と同じ権利義務があるため、借金の返済義務や連帯保証債務、損害賠償義務などがあると、受遺者はそれも引き受ける。NPO法人などが包括遺贈を受けたはいいが、あとから債務が出てくると組織存続のリスクにもなりかねない。だから、NPO法人などに遺贈寄付を考える場合、特定遺贈によって譲る財産を明確にしておいたほうがよい。

■不動産の寄付はトラブルになりかねない

ＮＰＯ法人などに譲りたいと思っている財産が不動産（家や土地）の場合は、できれば現金化したうえで遺贈したほうがよい。寄付時の価格が取得したときよりも値上がりしていると、特定遺贈した場合、寄付者の相続人に所得税が課せられる可能性があるのだ。「みなし譲渡所得課税」という制度だ。

そうなると、相続人は自分の財産になってもいないものに対して税金だけを負担する形になってしまう。すんなり遺贈寄付とはならず、トラブルになってしまうリスクが高い。なお、包括遺贈の場合は相続人ではなく、遺贈を受けた受遺者が納税する。

法人や団体によっては不動産を活用したり管理したりすることが難しい場合もある。売却先をみつけるのも大変だ。だから、一部の法人や団体を除いて、不動産での遺贈寄付をそもそも受け付けない場合が多い。可能な限り現金化してから遺贈したほうがスムーズだろう。

どうしても不動産の形で寄付したい場合には、寄付したい相手に不動産寄付を受けているかどうか、あらかじめ尋ねるのが無難だ。

法定相続人は、意外なところに存在する

■配偶者と子どもだけではない。見落としがちな相続人に注意

質問です。「あなたの財産を相続する権利がある人は誰でしょう?」。

結婚して、配偶者と子どもがいれば、真っ先にその顔が浮かぶだろう。確かにこの場合は、配偶者と子どもが法定相続人だ。配偶者は常に法定相続人となる。

子どもや孫がいない場合は、直系尊属(親など)が、直系尊属がいない場合にはきょうだい、もしくは甥や姪が法定相続人となる。親や祖父母、兄弟姉妹も含まれているわけだ。だから、結婚せずにいる人でも法定相続人がいる場合がある。「配偶者も子どももいないから、自分には相続人はいない」と早とちりしないでほしい。

法定相続人の範囲は図8、9を参照してほしい。

〈図8〉子どもに先立たれた場合は、孫が相続する

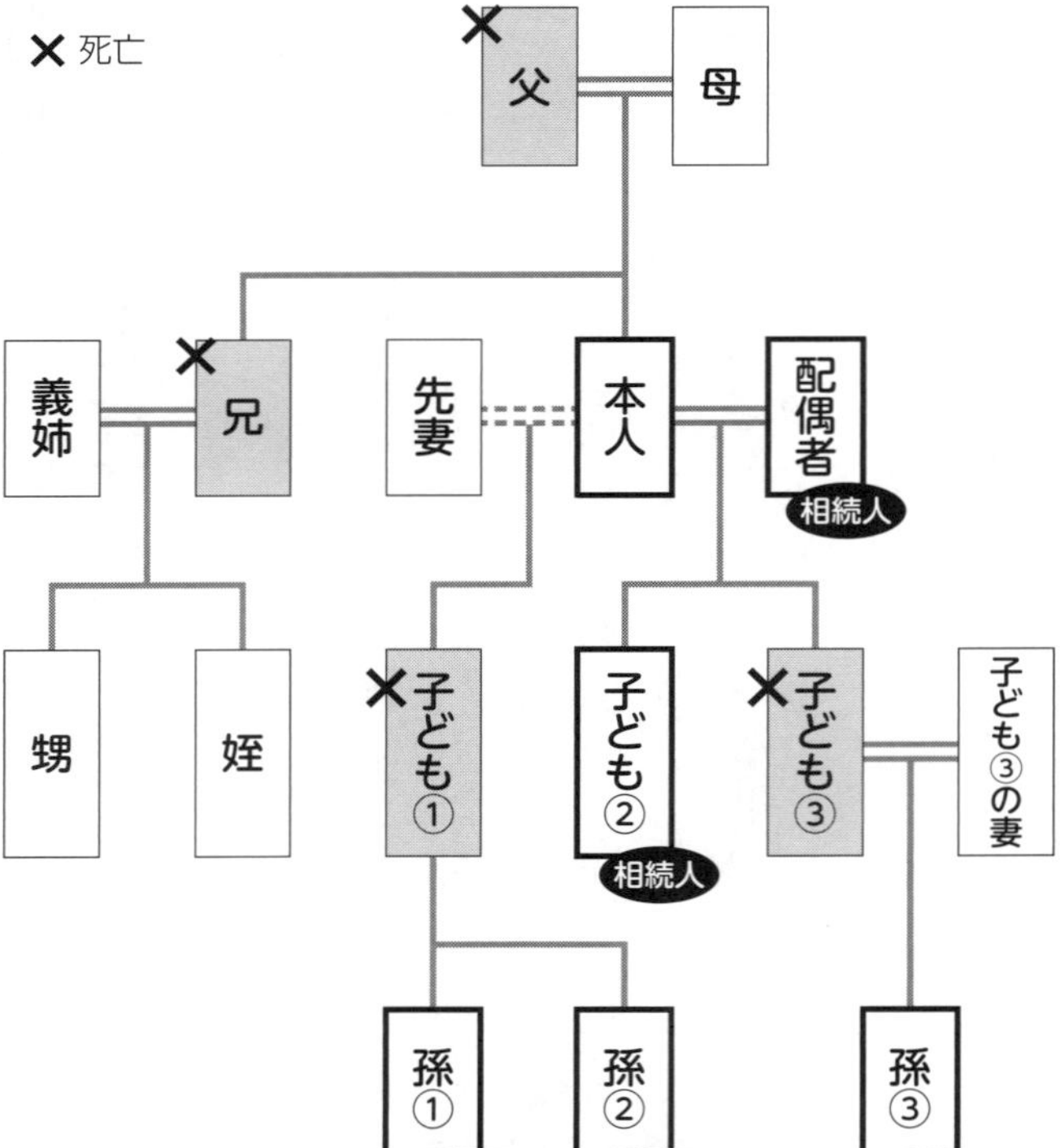

ポイント

●配偶者がいる場合は、必ず相続人になる。

●子どもがいる場合も、必ず相続人になる。
ただし、先立たれていて、さらにその子ども（本人の孫）がいる場合は、孫が相続人になる。

●配偶者、子どもがいる場合は、両親や兄弟姉妹は相続人にならない。

〈図9〉子どもも孫もいないと、兄弟姉妹の家系へ相続される

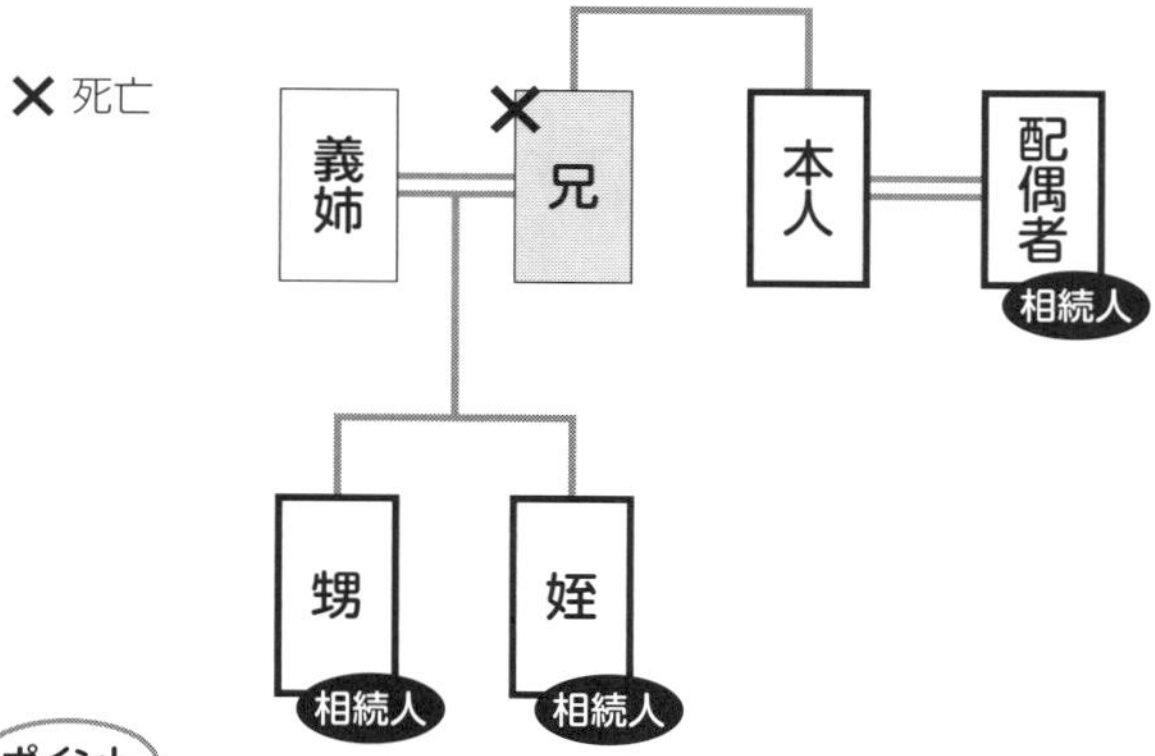

ポイント

- 配偶者がいる場合は、必ず相続人になる。
- 子どもがおらず、親と祖父母が亡くなっていて、兄弟姉妹がいる場合、実の兄弟姉妹が配偶者とともに相続人になる。
- 実の兄弟姉妹が亡くなっていて、その子ども(本人の甥や姪)がいる場合は、その人が相続人になる。
- つまり、兄弟姉妹や甥・姪がいる人が、配偶者だけに財産を遺したい場合は、遺言を作成する必要がある。

遺言がない場合の相続財産の配分は、法律で決められている

■法定相続分と、トラブルがあっても最低限もらえる遺留分

「法定相続分」は、相続人の間で遺産分割の合意ができなかったときの遺産の取り分を民法が定めたものだ。必ずこの相続分で遺産の分割をしなければならないという値でないことに注意したい。割合は表3のように決まっている。

この表に従って考えると、先の図8では配偶者の法定相続分が2分の1、子ども②が6分の1、孫①②がそれぞれ12分の1、孫③が6分の1となる。同様に図9では、配偶者が4分の3、甥と姪がそれぞれ8分の1ずつとなる。

もしも遺言があれば、原則として遺言通りに遺産は分割される。ただし、ここでよく耳にするだろう「遺留分」というものが出てくる。たとえば、配偶者に1円も残さないとか、特定の相続人にあまりに偏った配分をした遺言内容では、他の相続人が生活できなくなってしまう可能性がある。

〈表3〉配偶者・子ども・親には遺留分がある

法定相続分と遺留分

順位	法定相続人	法定相続分		遺留分
いればつねに相続人	配偶者	子ども、親、兄弟姉妹がいない	全部	法定相続分の2分の1
		子どもがいる	2分の1	
		子どもはいないが親がいる	3分の2	
		子どもも親もいないが兄弟姉妹がいる	4分の3	
第1位	子ども（いなければ孫）	配偶者がいる	2分の1	
		配偶者がいない	全部	
第2位	親（いなければ祖父母）	配偶者がいる	3分の1	
		配偶者がいない	全部	法定相続分の3分の1
第3位	兄弟姉妹（いなければ甥・姪）	配偶者がいる	4分の1	なし
		配偶者がいない	全部	

※第1位の相続人がいない場合は第2位が相続人になる。第2位もいない場合は第3位が相続人。

例）相続財産2000万円で、相続人が配偶者と子2人の場合

法定相続人	配偶者	子ども1	子ども2
法定相続分	1000万円	500万円	500万円
遺留分	500万円	250万円	250万円

だから、民法は兄弟姉妹以外の法定相続人に、法定相続分の2分の1（親や祖父母のみの場合は3分の1）を最低限の相続分である「遺留分」と規定している。自分の相続した財産が遺留分に満たない場合、もしも不満があれば遺留分を侵害している人に対して「遺留分に足りない金額を分けてください」と請求することができる。これを「遺留分の減殺《げんさい》請求」という。

■遺留分を考慮しておかないと、先方に迷惑がかかることも

先ほどの図8を再び用いると、遺留分は配偶者が4分の1（法定相続分2分の1×2分の1）、子②と孫③が各12分の1（法定相続分6分の1×2分の1）、孫①②が各24分の1（法定相続分12分の1×2分の1）となる。

この遺留分を配慮しておかないと、NPO法人などに寄付したつもりの額が、後から相続人によって減らされてしまう可能性がある。寄付を受けることになったNPO法人が喜んでいるところに、遺留分減殺請求によって煩雑な作業に巻き込まれてしまえば、かえって迷惑をかける結果にもなりかねない。不動産など分割しにくい財産で減殺請求をされた場合は、特に面倒だ。

そんな、いわば〝トラブル〟を避けるためには、あらかじめ遺留分について配慮した配分を考えて遺言を作成しておく必要がある。

逆にこの点からみれば、配偶者も子どももいない人は、たとえ兄弟姉妹がいたとしても遺留分を気にする必要がないわけだから、遺贈がしやすい立場だともいえる。

遺産に関する意思を遺言に残す

■全文を自筆で書く「自筆証書遺言」と公証役場で作成する「公正証書遺言」

遺贈で最も肝となる遺言。これまでなにげなくふれてきたが、遺言についても注意すべきことがあるので押さえておこう。

まず遺言には大きく3つの形式がある。公正証書遺言、自筆証書遺言、秘密証書遺言だ。このうち秘密証書遺言はあまり一般的ではないので、ほかの2つについて説明する。

自筆証書遺言とは、全文を自筆で書く一番ポピュラーな遺言だ。本文、日付、氏名を自筆で書いて押印する。費用がかからないし、いつでも書き換えられるというメリットがある。

だが一方で、形式に間違いがあって無効になるケースが多かったり、紛失してしまったり（ときには意図的に隠匿されてしまうことも）、本当に本人が書いたのかで死

〈表4〉 遺言の形式

形式	概要	メリット・デメリット
自筆証書遺言	自宅などで、すべて遺言者が手書きで作成し、署名・押印する。作成後は自宅などで保管する。	手軽にできるが、形式の不備などにより無効になる可能性がある。また、紛失や偽造・変造のリスクがある。
公正証書遺言	公証役場で、公証人に遺言書の内容や形式を確認してもらいながら作成する。作成後は公証役場で保管される。	費用はかかるが、形式の不備で無効になるリスクや、紛失・偽造・変造のリスクが低い。
秘密証書遺言	自分で、または専門家に相談しながら遺言書を作成し、封をして公証役場へ持参する。遺言書の存在を公証役場に認証してもらう。	遺言の内容を秘密にしながら、遺言書の存在を明らかにできるが、手間や費用がかかる。

後に争いとなる場合があるなど、デメリットというかリスクもある。

■自筆証書遺言にはリスクがある

あえてリスクと書いたのにはわけがある。無効になってしまうケースが多いのだ。たとえば、ついパソコンで作成してしまうとか、押印や年月日の記載を忘れるとか、ちょっとした不備はざらで、その「ちょっとした」ことで無効となってしまう。

専門家によると、特に多いのが訂正方法の誤りだ。書いていて、間違えたところを二重線で消して書き直しているケースが多い。民法では、修正したところを指示して変更したということを明示して、さらに署名と捺印が必要だと規定する。

たとえば「12345」という文字を「34567」に修正したい場合は、「12345」を二重線で消して「○行目」を「5字削除」と明記。さらに「5字加入」としたうえで「34567」と記入し、捺印。修正箇所に自筆署名する必要がある。こうなると、最初から書き直しをするのが一番安全だということがわかるだろう。

誤字・脱字も意外に多い。遺言者の意図を推測することになるので、複数の解釈を生み、トラブルの原因となる。特に、自分の名前を書き間違ったりすると、「本当に遺言者にはきちんとした意思表示能力があったのか」という疑念が生じ、遺言自体が無効になってしまう可能性がある。

遺言が形式上は正しくても、内容が不正確な場合もある。相続人や受遺者を氏名だけで記すと同姓同名の人との区別ができないし、実際にそれを根拠に「無効」を主張する人もいる。続柄や生年月日、住所などを併記する必要があるのだ。

財産の指定も、金融資産を「預貯金」と書いてしまうと、株式や投資信託といった有価証券が含まれない。「○○の家」と書けば建物だけと読めてしまい、土地は？

となってしまう。

■自筆証書遺言には、検認作業が必要

さらに、自筆証書遺言には本来は遺言者の死後に「検認」という作業が必要だ。偽造、または内容が変更されることがないよう、家庭裁判所で内容を確認する。有効か無効かを争うわけではなく、あくまで自筆証書遺言が存在していることを明らかにし、その内容を明確にするという手続きだ。

公正証書遺言とは、証人が2人以上いる場で、遺言者が口述する内容（発声が困難な場合は筆談でもＯＫ）を公証人という公務員が遺言にまとめて、遺言者に読み聞かせて確認したもの。その原本は公証役場で保管される。

平成元年以降に作成された公正証書遺言であれば、相続人は日本公証人連合会で遺言者名、作成年月日などをコンピューターで調べることができるので、遺言書の有無もわかる。

だから隠匿や偽造、紛失といったリスクを減らせるし、内容が不備で無効となる可能性は低い。ただし、財産額に応じた手数料が必要なこと、遺言内容が証人にも知ら

れてしまうというデメリットはある。

ちなみに、公正証書遺言の作成費用は、遺言する財産の額に応じて決められている。100万円までなら5千円、1千万円までは1万7千円、1億円までは4万3千円など。注意点もあるので、詳細は公証役場などで確認してほしい。

遺言を確実に執行してもらうために

■検認の件数からみえてくる、自筆証書遺言の不確実性

公正証書遺言の作成件数は年々、増える傾向にある。日本公証人連合会によると2016年の作成件数は10万5350件。ところが、不思議なことがある。公正証書遺言より間違いなく作成件数が多いと推測される自筆証書遺言だが、家庭裁判所で検認された件数は2015年度に1万6888件しかない。先ほど、自筆証書遺言には本来は検認が必要だと、わざわざ「本来」と書いたのは、これが理由だ。多くのケースで、この手続きが無視されている可能性があるのだ。

自筆証書遺言の場合、検認は〝しなければならない手続き〟と民法で規定されている。遺言の保管者または遺言を発見した相続人は、遺言者の死亡を知ったらすみやかに遺言を家庭裁判所に提出して、検認を請求しなければならない。

また、封印のある遺言書は家庭裁判所にて相続人の立会いのもとで開封しなければ

ならないのだ。たとえ相続人全員が遺言を使わずに遺産分割協議をすると合意した場合でも、検認は必要だ。だが、約1万7千件しか検認がないという事実からは、いくつかの事態が想像できる。

そもそも発見されないままというのが一つ。あとは保管者が廃棄してしまったり、相続人が検認を省いて遺産分割協議を行ってしまったり。場合によっては、意図的に隠されてしまうこともあるだろう。

なんだかドラマのような話だが、現実だ。

もちろん、検認などしなくても相続人同士が誠実に、遺言に記された通りに故人の意思を尊重して財産配分することだってあるだろう。だが、世の中、必ずしも善人ばかりではない。故人の意思が踏みにじられてしまっている場合が少なくないのではないかと、残念ながら思わざるをえない。遺言は執行されなければなんの意味もない。

死後に確実に自分の意思を尊重してほしい、遺贈をきちんとしてほしいと願うなら、まずは遺言がきちんと日の目をみるようにしておきたい。信頼できる人物（自筆証書遺言の場合、必ず検認してくれるであろう人物）に保管を依頼する。遺言があることを複数の家族ら関係者に生前から伝えておくこと。コピーを複数の信頼できる人に託しておき、そのことをあらかじめ伝えておくほうがより確実だろう。

この点では、紛失や隠匿の危険性が低い公正証書遺言にしたほうが安全だ。

■遺言通りに財産を分けるには、遺言を執行する人が不可欠

ただし公正証書遺言が万能かといえば、それも違う。最後は遺言内容を実現するべく動く「人」の問題に行き着く。遺言執行者だ。不動産の売却や借金の返済、遺贈寄付の実際の手続きなどをしてくれる人のことで、いくら遺言の存在が日の目をみたとしても、それを執行する人がいなければ、存在しないのと同じことだ。

相続人が遺言執行者となるケースも多いだろうが、ほかの相続人からの「圧力」(たとえば、遺贈寄付など取りやめて身内だけで分けてしまおうなど)に屈することはないか。できれば、誠実に遺言内容を執行する第三者に託したい。

たとえば弁護士や信託銀行などだ。遺言の中で、信頼できる遺言執行者を指定することで、この「執行されないリスク」はかなり軽減できるだろう。

■付言事項に「思い」を記す

遺言には、これまで記したような相続財産の分配に関することや、子どもの認知や特定の相続人の廃除といった相続人に関すること、遺言内容を実行する遺言執行者の指定について書ける。というか、正しい書式で内容的に不備がなければ、書いた内容が法的効力を有するのがこの部分だ。

遺言には同時に、法的効力がない「付言事項」というものを書くことができる。家族への感謝の気持ちや、遺言を残すに至った経緯、墓や身の回りの品の処分に関する指示などを書くことが多い。遺贈寄付の観点からいえば、なぜこの団体に、どんな思いで寄付しようと考えたのかを書き記すとよい。

気持ちを知ってもらえば、故人の思いが尊重されることが多くなり、相続トラブルにもなりにくいといわれる。積極的に活用したい。恨みつらみなど否定的な内容は書かないほうがよいことは、言うまでもないだろう。

「おひとりさま」の財産はどうなる？

■相続人のいない財産は国庫に入る。それでよい？

家族のいない、いわゆる「おひとりさま」が増えている。結婚しないで生きてきた人、結婚はしたが子どもがおらずパートナーに先立たれた人、子どもを先に喪った人、離婚した人など内情はさまざまだ。たとえ子どもはいなくても、仕事の成果や創造したもの、多くの人たちとの間で紡いできた関係性は、間違いなくこの世に自身が生きた証だろう。亡くなるときにこの世に残す足跡だ。

最期に遺す財産の使い方も足跡の一つになる。血縁がなくても自分の財産をお世話になった人に遺したい、具体的に世の中のために活かしたいと思うなら、準備と行動をする必要がある。なぜなら、配偶者も子どももいない、さらに一人っ子で兄弟姉妹もいない場合、放っておけば残った財産は国庫に入ってしまうからだ。

「お国の膨大な借金返済の一助になれば本望だ」と考えるのなら、それはそれでよいかもしれない。だが、国庫に入るまでの手間は煩雑で、多くの人手と時間を費やし、それに伴う費用も生じる。だったら最初から「国に遺贈する」とでも遺言したほうが、よほど手間が省けるだろう。

国に取られるのは癪《しゃく》の種だと思うなら、やはりきちんと遺言を作成して、どこか自分が役立ててほしいと思う人や団体に遺贈の手続きをしておくことが大切だ。遺贈の意思がありながら、なんとなく遺言を作成するのを先延ばしにしていたために、突然の死によってまったく思いがかなわない、などということだってありうる。明日は誰にもわからない。

未来を担う子どもたちへ、財産を役立てる

■教員を退職した後、子どもを支援する活動を続けた女性

こんな例があった。

千葉県松戸市の認定ＮＰＯ法人「外国人の子どものための勉強会」は、親と一緒に来日して日本の小・中学校に入ったものの、日本語がわからず授業についていけない子どもたちを支えている。市内２か所の教室で週に３日間、小・中学生70人ほどに日本語だけでなく学校の教科も教え、家族や学校の問題の相談にものっている。「卒業生」は１千人ほど。子どもたちを支えるスタッフは日本語支援者や現職・退職教員など40人余りだ。

そんなスタッフの一人だった60代の独身女性が、２０１４年の暮れに病気で亡くなった。すると、女性の弟さんを通じて同じ年２００万円が勉強会に遺贈された。

女性は地元の中学校で英語を教えていた。現役時代は、日本語の不自由な子どもた

ちがいてもほかの生徒の指導もあって、思うようなケアができない。そんな思いを払拭するかのように退職後、ボランティアスタッフとして参加し始めた。

だが、ほどなく病魔に侵される。それでも「進学を控えた大切な時期だから」と、子どもたちと向き合い続けた。その思い半ばでこの世を去った。「子どもたちのために使って」という遺言を残して。

■女性からの寄付金で開催したイベントで、子どもたちは笑顔に

会では、このお金を年に1回のバスハイクのバス代に充てることにした。進級・進学を祝って3月に、親やきょうだいも参加して近郊にバスで出向く。ちょうど10万円ほどかかる。「匿名で」という遺志を尊重して、特に女性の名前を冠してツアー名にするといったことはしていない。浅草や東京スカイツリー、千葉県立房総のむらなどに出かけた。写真をみると笑顔であふれている。女性の思いが、いまを生きる子どもたちの笑顔を生み出している。

弟さんがいたので遺産が国庫に入ることはなかっただろうが、遺言がなければ、女性が向き合ってきた子どもたちの笑顔にはつながらなかっただろう。

■一人暮らしの人の間で関心が高まっている

日本財団が2017年3月に実施した「遺贈に関する意識調査」（P60）では、家族の有無で遺贈に関する意識に差があることもわかった。

「子ども・配偶者なし」の場合、遺贈を意識する人が42・6％と半数近くいる一方、夫婦二人のみの場合は32・8％、子どもがいる場合は20・0％だった。遺贈が注目されてきた背景には一人暮らし世帯の増加があるといわれるのは、こうした調査結果からも読み取ることができる。

子どもがいない、配偶者と死別したなどが一人暮らし世帯増加の要因だが、なにより、結婚自体をしない人が増えている。50歳時点で一度も結婚したことのない人の割合「生涯未婚率」は、2015年の国勢調査によると男性は23％、女性は14％。いずれも前回5年前の調査に比べて3ポイント以上増えた。生涯未婚率は今後とも上昇が予想され、2030年には男性28％、女性19％になるとみられている。遺贈寄付を考える傾向が高い人たちが増えてくるのだ。

おひとりさまこそ、財産を引き継ぐ準備が大切

■おひとりさまが亡くなると、生前に関係があった人が相続手続きを進める

ここで、「おひとりさま」が遺言もなく亡くなった場合、どんな手続きで財産が国庫に入るかをみてみよう。

法定相続人が見当たらない人が亡くなると、まずは「利害関係人」が家庭裁判所に相続財産管理人の選任申し立てをするところから始まる。利害関係人とは、亡くなった人にお金を貸していた債権者や、特別縁故者になると思われる人たちのことだ。要するに、自分は遺産からお金がもらえるはずだと考える人、関係ありそうな人たちだ。

ここで一般になじみが薄いのが特別縁故者だろう。民法では以下のいずれかと規定している。

①被相続人と生計を同じくしていた者

②被相続人の療養看護に努めた者
③その他被相続人と特別の縁故があった者

たとえば内縁の配偶者や長年一緒に暮らしていた人、老後の世話をしていた人などだが、実際には解釈の幅がかなり広い。実際の手続きの場面でも、だいたいは、どこからか特別縁故者が名乗りをあげるといわれるほどだ。

司法統計年報によると、相続人がいるかどうかわからずに家庭裁判所に相続財産管理人の選任が申し立てられ、認められたケースが２０１５年度は１万８５６８件で、10年前の１万７３６件から年々、増える傾向が続いている。

■準備なしに親族以外の特定の人に遺産を遺すのは難しい

相続財産管理人が決まれば、相続人を探すための公告など、煩雑な手続きを踏む。最終的に誰も相続人がいないことが確定したら、特別縁故者は3か月以内に、家庭裁判所に相続財産分与の申し立てをする。「私にもいくばくか分けてほしい」と主張するわけだ。そこで家庭裁判所が「この人は確かに特別縁故者だ」と判断すれば、分与額を決定する。残っていた財産がすべて必ず特別縁故者に渡るわけではない。

たとえば10年以上も献身的に介護していたヘルパーさんには多く、1年のヘルパーさんにはそれなりにだ。実際に特別縁故者に対する財産分与は2015年度には1043件が認められている。相続財産管理人が選任されたケースが1万8568件なので、特別縁故者が認められたのはそのうち約5・6%しかない。「成り行き任せ」では、法定相続人以外の人に遺産を渡すのはそれほど難しいのだ。

ただ、特別縁故者として認められるかどうかは、裁判所の判断でかなり幅があるといわれる。たとえば、被相続人が入所していた施設を運営する社会福祉法人が申し立てをしたある事案では、家庭裁判所の判断は「認めない」。入居者への療養看護は契約に基づくもので特別なものではないと判断した。だが、この決定を不服として抗告したところ、高裁では一転「認める」。正反対の結論が導かれたわけだ。

被相続人は、この施設に約35年間入所していた。入所当初はほとんど資産がなかった被相続人は、最終的に遺産をつくるまで貯金することができた。高裁は、これを施設利用料が安かったからだと指摘。施設の療養看護も社会福祉法人として通常期待されるサービスの程度を超え、近親者の行う世話に匹敵するレベルだと判断したのだ。

「葬式を出したから自分は特別縁故者だ」という主張はあまり通らないようだ。被相続人が亡くなった後に葬儀や法要を執り行っただけで、実は生前にはほとんど交流がなかったということもある。こういう場合では特別縁故者としては認められないというのがほぼ通例になっている。

■望まない人に遺産が渡らないようにするためにも

一人暮らしの場合、本人が希望しない人に遺産が渡ってしまうケースがある。それを避ける意味でも、遺贈寄付は考慮に値する。

福岡県内で一人暮らしをしていた60代の女性は、障がい者施設に遺産のすべてを遺贈することを公正証書遺言にしたためた。

女性には身体障がいがあった。やはり身体障がいのある夫と施設で出会い結婚。子どもはなく、二人で30年ほど暮らした。その夫が２０１４年に急死する。すると、ほとんど交流のなかった夫のきょうだいが遺産を要求してきた。遺言はなかった。女性は結局、遺産の一部をきょうだいに渡した。

このことをきっかけに、女性は遺言を作成した。「おひとりさま」となった自身の死後、遺産はやはり交流のないきょうだいのものになってしまう。それは避けたかった。身内から投げられた言葉が忘れられなかったからだ。

死後は夫とともに、女性の実家の墓に入りたい。そう相談したさいに言われた。

「障がいのある者は一緒の墓に入れない」。

女性は遺言の付言事項に記した。「私の財産を、今後の運営及び事業や施設を利用する仲間のために役立てていただきたく、感謝の意味を込めてこの意思を遺します」。

女性は夫の後を追うように、2年ほどして亡くなった。施設側は議論の末、施設利用者で希望する人のための共同墓を造る資金とすることにした。そしていま、女性の名前を冠した共同墓に、女性は夫と一緒に眠る。女性の遺志は、死後の住処に悩む多くの人たちに、これからも安心を与え続ける。

生前に意思表示をしないと国庫に入ったり、遺留金として宙に浮いたり

■国庫入りした財産の金額は年々増えている

話を戻そう。特別縁故者に分与してもなお財産が残っていれば、国庫に納められる。生前に自分の意思を示しておかなければ、これだけ煩雑な手続きを踏んだうえで、自分のお金が宙に浮き、最終的に国に渡ってしまうのである。

では、実際にどれぐらいの額が国庫入りしているのか。財務省の「裁判所主管歳入決算明細書」の「雑入」がそのおおよその額を示している。２００１年度は１０７億円だったが、２０１１年度には３３２億円となり、さらに２０１４年度は４３４億円、２０１５年度は４４９億円にまで増えている。

この雑入に計上されるのは、裁判所経由で国庫に入った現金や貸付債権など金銭が中心で、現金に換えることのできなかった不動産は含まれていない。空き家が増えて社会問題化しているが、その中には土地の登記を長年せずに放置していた結果、相続

〈図10〉国庫に入っている財産の金額

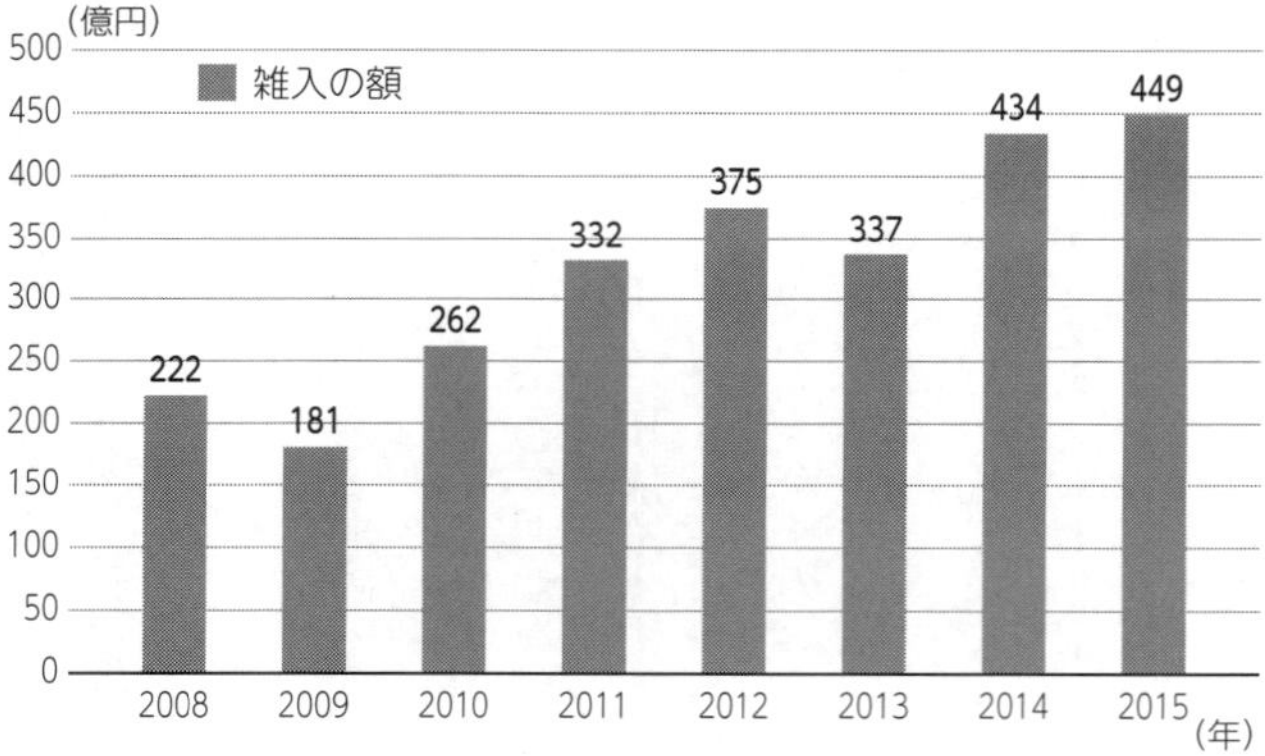

出典：財務省「裁判所主管歳入決算明細書」

人の数が膨れ上がり、もはや追いきれないようなケースもある。

相続しても価値があるどころか、税金など負担のほうが大きくなってしまった山林など、世の中には引き取り手のいない不動産ならぬ「負動産」が相当にあることもわかってきた。国庫に納めたくとも、所有者が不明であっては国庫に納めるわけにはいかない。こうした所有者不明の土地面積はすでに九州以上の広さだという試算もある。

■行き場がなく宙に浮く遺留金

もう一つ、身寄りのない人らが死後に残した「遺留金《いりゅうきん》」というものも存在する。

国庫に入るまでの清算手続きは先述の通り煩雑で、当然ながら弁護士への支払いなど費用がかかる。この費用を差し引くとほとんど残らない少額の財産や、戸籍調査が追いつかないなど、いわば「宙に浮いた」財産があるのだ。

現状、引き取り手が出てくることに備えて自治体が保管している。現状がよくわかっていなかったが、朝日新聞（2017年4月13日付）が20政令指定都市と東京23区を対象に調べたところ、39自治体だけでも遺留金が約11億4200万円も積み上がっていた。今後とも増えていくとみられている。

国庫入りや遺留金になってしまう財産。こうした事態を避ける手段としても、遺言によって財産を贈与する遺贈は有効なのだ。

コラム

統計データからみえてきた遺贈寄付への関心の高まり

件数はまだ多くはない

日本では遺贈寄付はどのくらいの規模でなされているのだろうか。

まずは残念な統計データから。金融に関する広報活動などを行う「金融広報中央委員会」が毎年実施している「家計の金融行動に関する世論調査」の2016年調査によると、遺産についての考え方として、「財産を当てにして働かなくなるといけないので、社会・公共の役に立つようにしたい」が単身世帯の場合2・2%、二人以上世帯で0・5%。「財産を遺すこどもがいないので、社会・公共の役に立つようにしたい」が単身世帯の場合4・9%、二人以上世帯で0・6%という数値で、決して高い値とはいえない。

持てる人は持てる人なりに。そうでない人でもそれなりに

遺贈のごく一部とはいえ、動向がわかるデータがある。相続税を支払った人たちの中でどの程度の人が遺贈しているのかを調べたデータだ。

市民活動を支える制度づくりに取り組む認定NPO法人「シーズ・市民活動を支える制度をつくる会」が国税庁に開示請求した「遺贈・寄付・支出した財産の明細」によると、「出資持分の定めのない法人などに遺贈した財産」が2015年に86件（約28億円）。2014年は48件（約19億円）、2013年52件（約41億円）、2012年57件（約28億円）となっている。遺言による遺贈寄付と考えてよい。

「租税特別措置法施行令第40条の3第1項に規定する法人に対しての寄付」、つまり寄附金控除の対象となる公益法人などに対する相続財産からの寄付とみなされるデータもある。なぜか一部非開示となっていて経年変化を比較することができないのが残念なのだが、それでも2015年に最低でも500件以上（52億円以上）、2014年349件（約55億円）、2013年317件（約258億円）、2012年323件（約48億円）となっている。

解釈の幅はあるが、増税によって相続税を払う人の範囲が広がった2015年とそれ以前とを比べると、遺贈寄付1件あたりの平均額は低くなっている。遺贈寄付が財産額にある程度比例して行われていることが読み取れるのではないだろうか。持てる人は持てる人なりに、そうでない人でもそれなりに、である。無理する必要はないよ、というデータとして読み取りたい。

●日本の個人による寄付額は7756億円。徐々に広がりつつある

「それにしても遺贈寄付をする割合が低い。やはり特別なことではないか」という声が聞こえてきそうだ。だが、いまの状態が将来もそのまま続くとは限らない。まず、遺贈を生み出す土壌ともいうべき寄付についての推計をみてみよう。

「寄付白書2017」では、2016年の1年間に日本人が個人で寄付した総額を7756億円と推計している。2014年は7409億円だったのでほぼ同水準だ。名目GDPに占める割合としては2016年の場合0・14%に過ぎず、英国の0・54%や米国の1・44%、韓国の0・50%（海外の率は2014年時点）と比べるとまだまだこれからといったレベルではあるが、寄付市場は徐々に広がりつつある。

遺贈に対する関心がそこまで低くないことも、別の調査からみてとれる。第2章でもふれたように、日本財団の「遺贈に関する意識調査」では22・9%が遺贈寄付を意

〈図11〉個人寄付総額・会費総額・寄付者率の推移

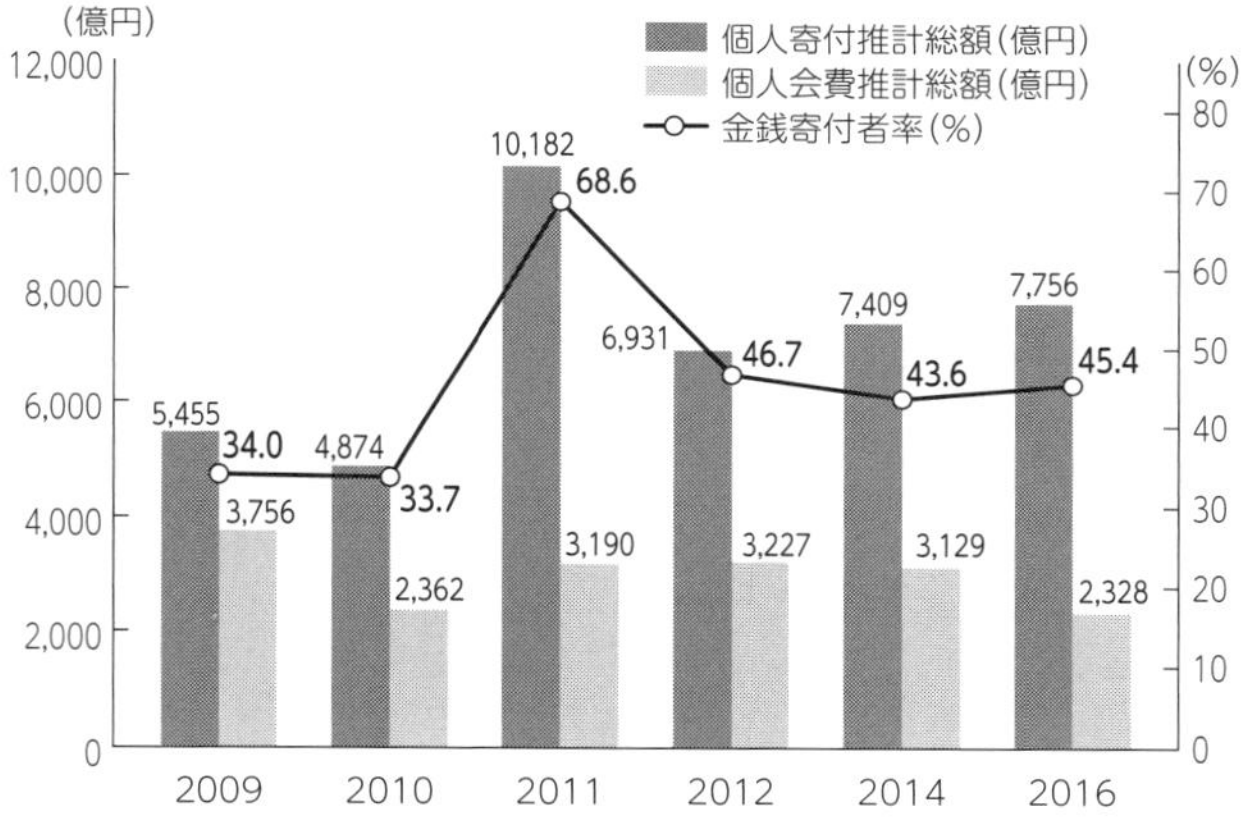

※2012年以降、本調査は隔年実施へと変更になった。

出典:「寄付白書2017」

識していた。

また、認定ＮＰＯ法人「国境なき医師団日本」が２０１７年に実施した調査（Ｐ71）で「社会の役に立てるために、将来、遺贈をしたいと思うか」と尋ねたところ、「遺贈をしたい」が11・1％、「遺贈してもよい」が50・5％にのぼった。遺贈に前向きな人が約6割いたのだ。特にボランティアや寄付経験者では、この数値が約7割に上がる。

● 遺贈寄付は目にみえて増えている

実際の団体の例をみると、遺贈寄付が目に見えて増えていることがわかる。

国境なき医師団日本の場合、２０１２年に１億３９９０万円だった遺贈寄付額（遺贈と相続財産からの寄付）は年々増え、２０１６年には８億３６９０万円にまで増えた。額にして実に6倍。件数ベースでも、この間に２・５倍に増えたという。遺贈寄付に関するパンフレットの請求数も２０１２年の95件から年々増え、２０１６年には２２７８件となった。関心の高まりがうかがえる。

盲導犬の育成を担う公益財団法人「日本盲導犬協会」は、以前から遺贈寄付の受け入れ先として実績ある団体の一つだ。遺贈の場合、１年ごとの変化をみても１件ごとの額の振れ幅が大きい。そのため、２００１年度から２０１５年度までの15年間を５年ごとに区切って傾向を分析したところ、顕著に遺贈の額が増えていることがみえてきた。

２００１～２００５年度における１年間の遺贈の平均額は１億１千万円で、年間総収入に占める割合は16・３％だった。次の２００６～２０１０年度は遺贈が１億４４００万円、割合は14・６％。２０１１～２０１５年度は３億９５００万円にまで増え、総収入に占める割合は32・２％にまで膨らんだ。２０１１年は東日本大震災があって、日本全体で寄付額が大きく膨らんだことはあったにせよ、協会では遺贈の広がりを実感としてとらえている。

「100万円ぐらいから億単位まで幅広いですが、多いのは2千万~3千万円前後の遺贈です。以前はお金だけ死後に贈ってくださる方が多かったが、いまは事前にお越しになって犬の訓練の様子などをご覧になってから決める方が増えました。遺贈される方の姿が見えてきたのです」と同協会理事の吉川明さんは説明する。

第4章

相続税の控除&信託で、遺贈寄付をもっと活用する

自分の価値観や生き様を家族に伝える

「遺贈寄付は相続人がいない人がするものだ」などと思っていないだろうか？　それは勘違いだ。子どもがいても、いや、むしろ子どもや家族がいるからこそ遺贈寄付を考えることは素敵だ。そう言い切りたい。

お金にはいろいろな使い方がある。豪華な墓を建てるのも、子孫に美田を残すのも、もちろん自由だ。だが、遺贈寄付という形で社会、次世代のために活かす使い方は、残された家族らに「何か」を間違いなく伝えてくれる。それは、自身の生き方や大切にしていた価値観など、日ごろは家族にもなかなか伝えにくかったことかもしれない。

第1章でも、夫の遺贈によって自身が大きく変わったという女性を紹介した。多かれ少なかれお金がメッセージを伝えてくれる。なにせ人生最後のお金の使い方なのだ。「重み」がある。それが遺贈寄付の特色なのだ。

家族のために「争族」への対策は必須

■仲が良い家族でも、相続トラブルのリスクはある

家族ら相続人がいれば、相続をめぐって相続人らが争う「争族」対策と、相続税のことも考えておく必要がある。

「争族なんて財産の少ない自分には関係ない」などと思っていないだろうか？　だが、相続問題が起きるのは、なにも資産家に限った話ではない。

第2章でも簡単にふれたが、全国の家庭裁判所に申し立てられた遺産分割の事案数、つまりトラブルになったケースは増加傾向だ。司法統計によると、この10年で3割も増え、2015年度には1万2615件に達した。調停などが成立した8141件の内訳をみると、自宅などの不動産を含めた財産総額が5千万円以下の人が実に76％を占める。1千万円以下の人でも32％もいるのだ。

「争族」はさまざまな形で見聞きしたことがあると思う。いろいろなケースがあるが、

日本一有名な家族「サザエさん」の磯野家を例に、起こりがちなもめ事を一つだけ記しておく。

大黒柱だった磯野波平も、寄る年波には勝てず、自宅で数年間の介護を受けた末に亡くなったとする。妻のフネと、子のサザエ、カツオ、ワカメの3人が法定相続人だ。あれだけ仲の良かったきょうだいだが、ありがちなのがサザエの夫マスオからの「焚き付け」による争いだ。

フネが自宅を譲り受け、預金はきょうだい3人で均等に分割となったときに、マスオはたぶん異議を唱える。「サザエ、君は介護の中心だったのだから、カツオ君やワカメちゃんよりも当然多くもらうべきだ」。

マスオには相続権がない。だからつい、口出ししたくなるポジションなのだ。サザエまでこの言葉にのれば、きょうだい仲が険悪化するのは避けられないだろう。相続人の配偶者は「争族」の原因となることが多いといわれる。せっかく良かった家族の仲が壊れるのを避けるには、遺言を残すなど、きちんと相続対策をしておくことがやはり肝心なのだ。

お金持ちでなくても、相続税を納める時代に

■2015年の相続税増税で、課税の対象者は2倍に

話を戻そう。相続税を納める対象者が、2015年からの基礎控除の見直しに伴って増えている。

相続税は一定額以上の財産を相続した場合にかかる税金で、基礎控除とはこの一定額にあたる。増税前の基礎控除は「5000万円＋法定相続人の数×1000万円」。これが「3000万円＋法定相続人の数×600万円」となった。

仮に妻と子ども2人が相続すると、増税前の基礎控除は8000万円だったが、増税後は4800万円になった。ざっくりいえば、相続財産がこの額以上ならば相続税を納める対象となる。「自分には関係ない」と思っていた多くの人たちにも、相続税がかかるようになったのだ。

実際、国税庁によると、2015年中の被相続人のうち約8%が、相続税の対象と

〈図12〉 被相続人数の推移

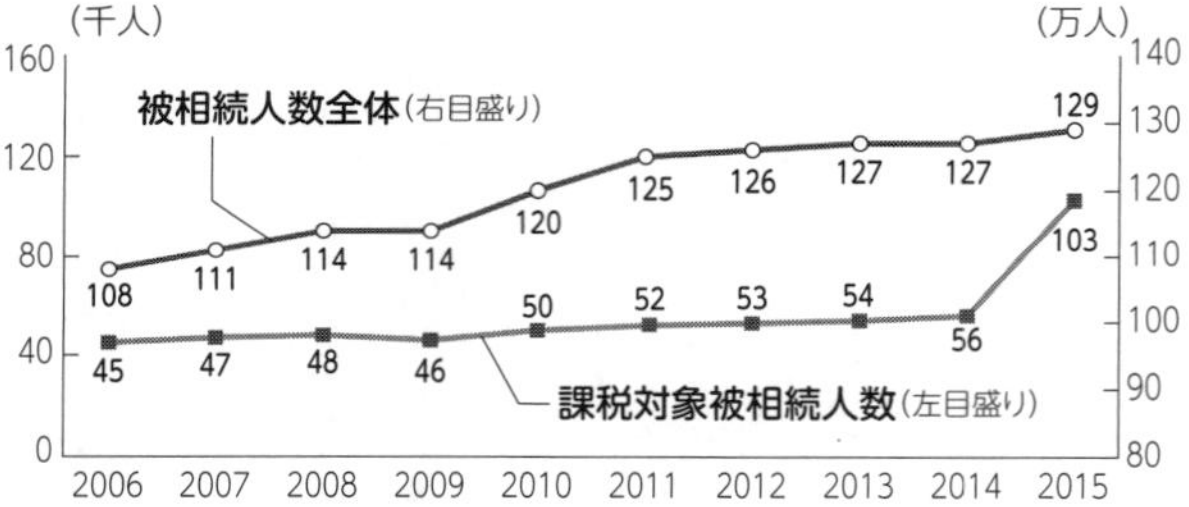

課税割合の推移

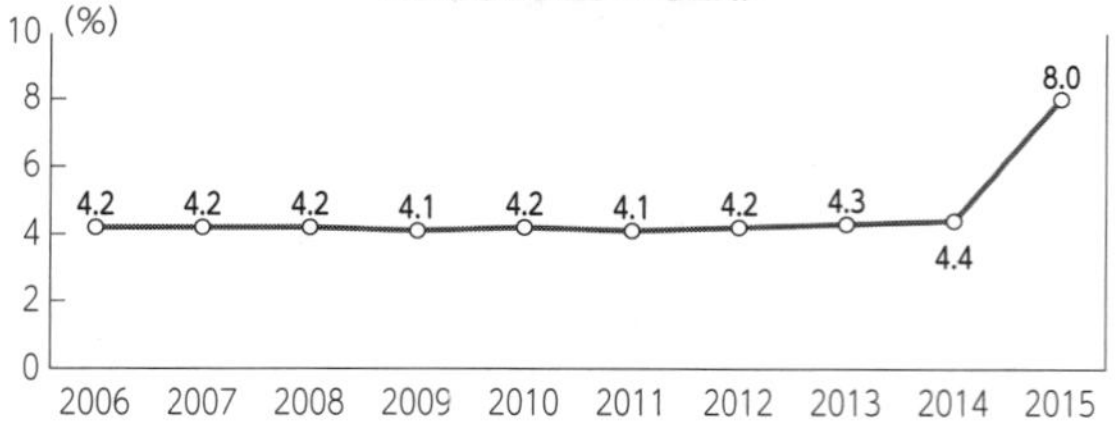

出典:国税庁ホームページ

なる財産を残した。この割合は、前年までの約１・８倍にもなる。特に不動産価格が高い都市部では約１割が対象に。相続税の合計は１兆８１１６億円（２０１４年は１兆３９０８億円）に増えた一方、被相続人１人あたりでは１７５８万円（２０１４年は２４７３万円）に減り、すそ野が広がったことがわかる。

遺贈をすると、節税につながることも

■遺贈したお金は、相続税の対象外になる

遺贈には、遺贈する人にとって実際的なメリットがある。なにより、贈り先を自分で決められる自由は心理的満足度を高めてくれるだろう。自分の遺したお金がもとになって後世の人たちの役に立つ、もしかしたら自分のことを覚えていてくれる人たちがいるかもしれない。そう考えることは、死と向き合うとき、安心感や穏やかな心を得る可能性につながるのではないか。

そんな目に見えないことだけではない。税金上のメリットもある。法人へ遺贈した額は基礎控除と同じように、原則として相続税を計算するさいの対象外となるからだ。

たとえば遺産が現金のみで、遺産総額7000万円、法定相続人は子ども2人だと仮定する。法定相続人に配偶者がいる場合には配偶者の税額軽減制度があるため、計算が少し違ってくる。また、たとえば現金が退職金だった場合には軽減制度があった

りするが、わかりやすくするための計算ということで無視することをご容赦願う。

このケースの場合、基礎控除額は「3000万円＋法定相続人の数2人×600万円＝4200万円」なので本来なら「7000万円－4200万円＝2800万円」が相続税の対象財産となる。相続人が2人なので1人あたりの相続額は「2800万円÷2＝1400万円」。

相続額が「1千万円を超えて3000万円以下」なので税率は15％が適用される（P158〈表6〉参照）。「1400万円×0・15－50万円（税率15％の場合に適用される控除額）＝160万円」の2人分が相続税の総額なので、320万円となる。取得割合に応じて、つまりたとえば6対4だったら、192万円と128万円をそれぞれが負担する。

だが、たとえば遺贈によって1千万円をNPO法人に寄付する場合、この額が基礎控除と同じ扱いになるので、「7000万円－1000万円（遺贈分）－4200万円＝1800万円」が相続税の対象財産額となる。この場合は、先ほどと同じ計算で1人あたりの相続額が900万円となって1000万円以下なので、税率は10％が適用される。「900万円×0・1＝90万円」。相続税の総額が180万円となって税金

〈表5〉 遺贈寄付をした場合の相続税負担

基礎控除額の算式

3000万円 +（法定相続人の数）× 600万円

相続人が子2人、遺産が7000万円の場合

●**基礎控除額**

3000万円 +（2人 × 600万円）= 4200万円

●**相続税の対象額の合計額**

7000万円 − 4200万円 = 2800万円

●**法定相続をしたと考えたときの、2人の相続税の合計額**

2800万円 ÷ 2人= 1400万円（1人あたりの課税対象額）

→1人あたりの課税額にかかる相続税率は15%

1400万円 × 15% −50万円（控除額）= 160万円

（1人あたりの相続税額）

160万円 × 2人分 = 320万円（2人の相続税の合計額）

↓

1000万円遺贈寄付した場合

●**相続税の対象額の合計額**

7000万円 − 4200万円 − 1000万円 = 1800万円

●**法定相続をしたと考えたときの、2人の相続税の合計額**

1800万円 ÷ 2人 = 900万円（1人あたりの課税対象額）

→1人あたりの課税額にかかる相続税率は10%

900万円 × 10% = 90万円（1人あたりの相続税額）

90万円 × 2人分 = 180万円（2人の相続税の合計額）

※相続税率と控除額は次ページの表を参照

ポイント

公益のために遺贈寄付した金額は、課税対象の財産から外される。そのため、課税対象額そのものが減ったり、場合によっては税率が下がることもある。いずれも相続税額を減らす効果がある。

〈表6〉相続した額に応じて10〜55%の相続税がかかる

相続税率早見表

各人の取得金額	税率	控除額
1000万円以下	10%	なし
3000万円以下	15%	50万円
5000万円以下	20%	200万円
1億円以下	30%	700万円
2億円以下	40%	1700万円
3億円以下	45%	2700万円
6億円以下	50%	4200万円
6億円超	55%	7200万円

[取得金額×税率]の金額から一律に控除される金額

で取られる額が少なくてすむ。税率は相続額が多くなるほど高くなり、「5000万円を超えて1億円以下」だと30%、6億円超だと実に55%にまではね上がる。

■税額軽減を考えるなら、税制優遇団体へ寄付する

NPO法人でも公益法人でも、一般社団法人や大学、自治体でも、「第三者」の法人への遺贈による寄付なら原則、すべてが基礎控除と同じ扱いだ。

ただ、気を付けたいのが、法人格のない任意団体に対して遺贈をする

場合だ。任意団体への遺贈は原則として相続税の対象となるのだ。だが、交通遺児の進学支援などをしている任意団体「あしなが育英会」のように、公益活動をしている場合には非課税になるという規定がある。任意団体だと原則と例外がひっくりかえる形になるわけだ。

ちなみに、「自分の暮らした地域に恩返しを」と考えて町内会に遺贈すると、町内会に相続税が課されることがある。町内会は公益活動ではなく、地域に住む人たちの利益のために活動するとみなされるためだ。

ただし、法人であっても「税逃れ」とみなされると、基礎控除と同じ扱いは受けられない。親族が運営する法人に寄付をし、そこから親族が過大な報酬を得たり、適正な運営がなされていない名義だけの「幽霊法人」に寄付したりする場合がそれにあたる。

また、現金でなく不動産を遺贈した場合について一言。特定遺贈で不動産を寄付すると、団体には不動産取得税が課せられる。一方、包括遺贈だと不動産を寄付してもこの税はかからない。

被相続人の死亡した年には、亡くなるまでの所得を申告する「準確定申告」が必要となる。こちらのほうは税制優遇団体、つまり認定ＮＰＯ法人や特定公益増進法人に対しての寄付でなければ寄附金控除（総所得金額の40％を上限に、寄付した金額から2千円を引いた額が所得控除される）が受けられないのでご注意を。認定ＮＰＯ法人ではない一般のＮＰＯ法人や一般社団法人は対象外なのだ。

以上は、遺言による寄付の場合。相続人が相続財産から寄付する場合には、原則として相続人に相続税が課せられる。だが、税制優遇団体に相続税の申告期限までに寄付した分は非課税になる。寄附金控除は相続人の確定申告で受けられる。どうせなら、制度をきちんと活用して、節税できるものは節税したほうがいいだろう。

より確実に実現できる もう一つの方法、「信託」

遺贈寄付には3つの方法があると第3章で記した。遺言による遺贈、相続財産からの寄付と、信託を使ったものだ。ここでは信託について説明する。遺言に比べると少しとっつきにくいかもしれないが、より確実に遺贈寄付を実現したいと思えば、信託はとてもよい手段となる。

■信託の基本は、信頼できる人に財産を託すこと

まず、信託の基本を押さえよう。信託は、信頼できる他者に自分の財産を託して管理・運用してもらい、そこから生じる利益や財産を、自分が受け取ってほしいと思う人に渡してもらう仕組みだ。この場合、「自分」が「委託者」、「他者」が「受託者」、「受け取ってほしいと思う人」が「受益者」と呼ばれる。財産の一部だけを信託することも可能だし、信託した財産を分割して渡してもらうことも可能だ。

たとえれば、料理のメニューを考え、食材を準備するのが委託者。受託者はそれを使って腕をふるう人。できあがった料理を食べるのが受益者と考えればわかりやすいだろう。食材すべてを料理人に託すことも、一部だけを使ってと頼むこともできるし、料理は一度に出さずに何度かに分けて提供して、ということもできるのだ。

そうした本来の信託とは異なるものの、むしろ一般的に知られているのが「遺言信託」だろう。遺言者が作成した遺言を信託銀行などが受託者として保管し、遺言で信託銀行を遺言執行者に指定することにより、遺言者の死後に執行する。受託者に財産の移転を伴わない点が本来の信託との一番の違いだ。

遺贈寄付でいえば、遺言を受託者が保管し、遺言者が亡くなった後に、遺言内容に従いNPO法人などの受遺者（受益者ではなく、遺贈を受ける受遺者であることに注意）に対して遺産の中から遺贈を受託者が実行する。要するに、遺言による遺贈の遺言執行者が信託銀行になったとイメージすればよい（図13）。

遺言が確実に実行されるには遺言執行者が大切であると先述した。信託銀行はその点からいえば、とても頼りになる存在だ。ただし、それなりにお金がかかる。詳細は信託銀行のホームページなどをみてほしいが、遺言を預かる時点での手数料が無料の

〈図13〉本来の信託と遺言信託のしくみ

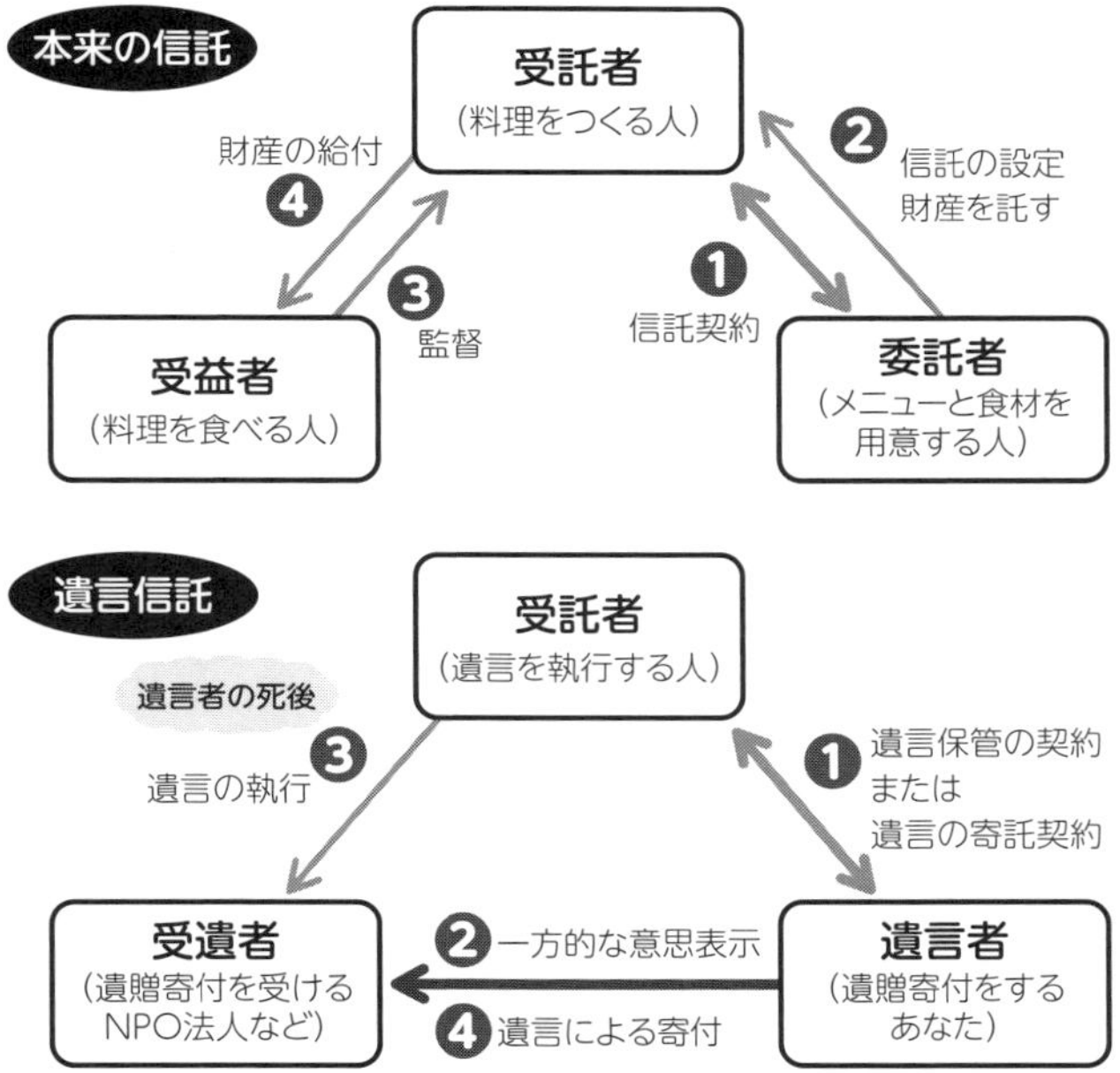

ところから約30万円かかるところまである。年間保管料は数千円、遺言の執行時には相続財産額に応じた手数料が必要で、最低手数料が百数十万円などと規定されている。ざっくりとした目安だが、財産額の2％程度の手数料が必要だと考えればよい。

遺言よりも幅広いケースに対応できる信託

■遺言にはない信託の利点がある

受託者へ財産を託す本来の信託は、遺言にはない便利な使い方ができる。先ほど、財産の一部だけを使うとか、分割して渡せるとさらりと書いた。たとえば、子どもに知的障がいがあって財産管理能力がなく、自分の死後も生活に困らないようにしたい場合を考えてみる。

自分の死後、毎月20万円を子どもに渡してほしいと思っても、遺言だと財産を誰にどう配分するかの指定はできるが、渡し方の指定まではできない。だが、信託なら「遺言代用信託」や「生命保険信託」などを使えば、これができる。さらに、その子どもが亡くなった後に残った信託財産のことまで、信託なら指示できる。最終的には子どもがお世話になった施設に遺贈寄付したいと思えば、可能となるのだ。

では、実際にどんな商品があるのか、遺贈寄付に関係ある主なもの4つをみてみよう。

生前は自分のために、死後は家族のために「遺言代用信託」

遺贈に代わりうる手段として期待

いま急速に扱い件数が増えているのが「遺言代用信託」だ。年間約4万件の利用がある。生前は自分を受益者として指定しておき、定額を受託者から自分に支払ってもらう形で自分のために財産を使う。自分の死亡後は、家族らを「第2受益者」としてまとめてお金を渡したり、一定額のお金を贈り続けたりもできる。一時金型だと、たとえば自身の葬儀費用に充ててもらう、といったことも可能だ。

多くの信託銀行では相続人となるであろう人以外を第2受益者に指定できないという制約はあるが、今後、第2受益者にNPO法人などを指定できるようになれば、遺贈の代わりになりうる手段として期待されている。

〈図14〉遺言代用信託のしくみ

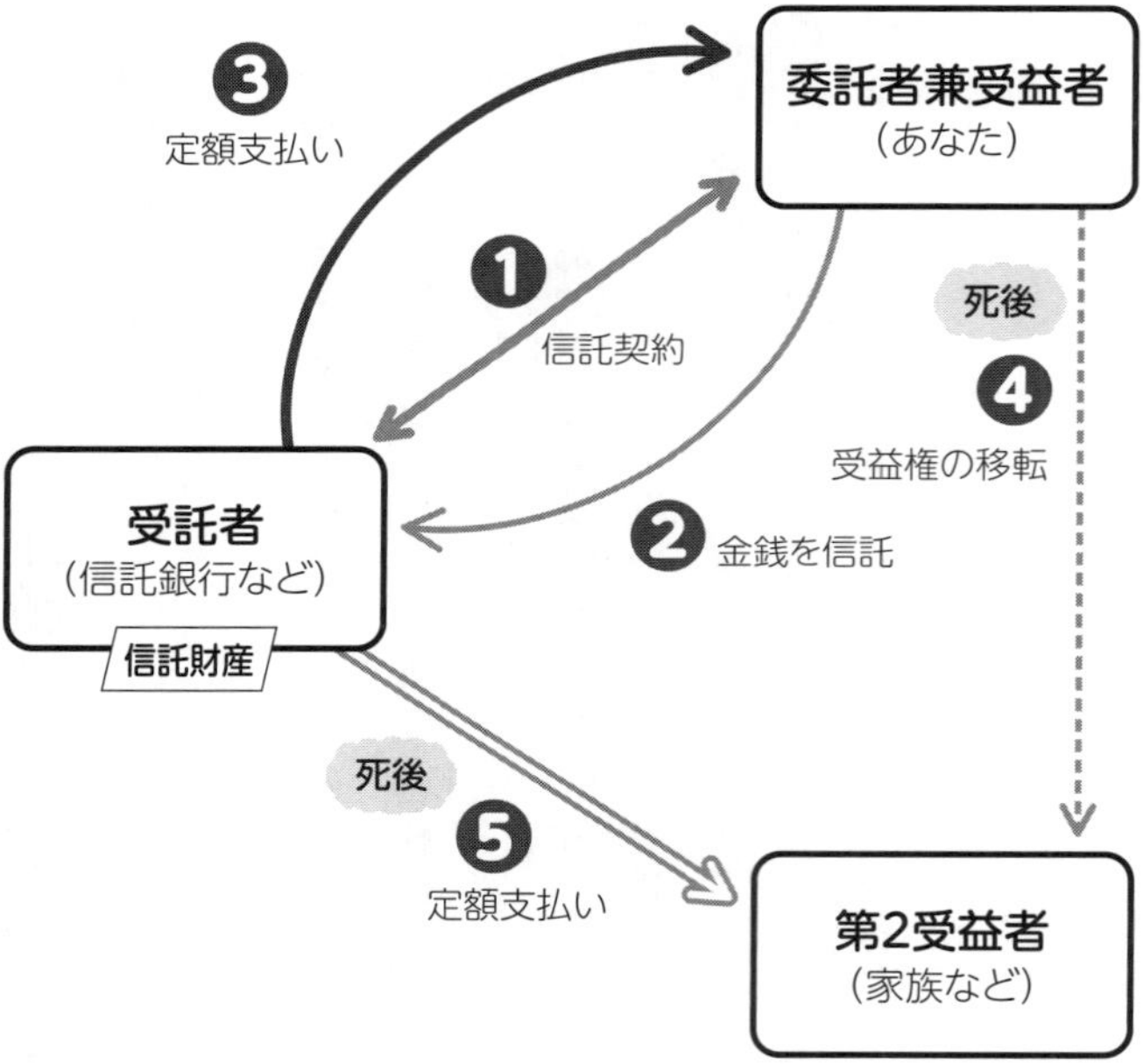

一般的な特徴

- 金銭を信託し、自分が生きている間は、自分に定額が支払われるように設定する。
- 自分が亡くなったあとは、家族などが一括で（一時金型）、または定額を継続して（年金型）受け取る。
- 一時金型の信託金額の目安は100万～500万円。
- 年金型の信託金額の目安は500万～3000万円。信託期間は5～25年。

信託銀行が、あなたのお金を公益法人に寄付する「特定寄附信託」

■あらかじめ決めた寄付先へ、死後に残ったお金が贈られる

特定寄附信託は、遺言とは違い、本人が生きているうちに使える方法。信託銀行にお金を信託し、信託銀行が契約した公益法人などの中から、自分が気に入ったところに5年から10年にわたり寄付する。毎年、寄付先を見直すこともできる。

公益法人や認定NPO法人に直接寄付することでも税金の控除対象となるが、信託を使うと控除に加え、信託財産から生じた利子も非課税になるメリットがある。制度上は、信託金の3割を限度に、委託者が自分で定期的にお金を受け取ることも可能だ。

信託期間の途中で委託者が死亡した場合、残った財産はあらかじめ指定した公益法人などに寄付される。信託銀行によって契約している公益法人が異なるので、利用する場合はいろいろな銀行を比べてみたい。

〈図15〉特定寄附信託のしくみ

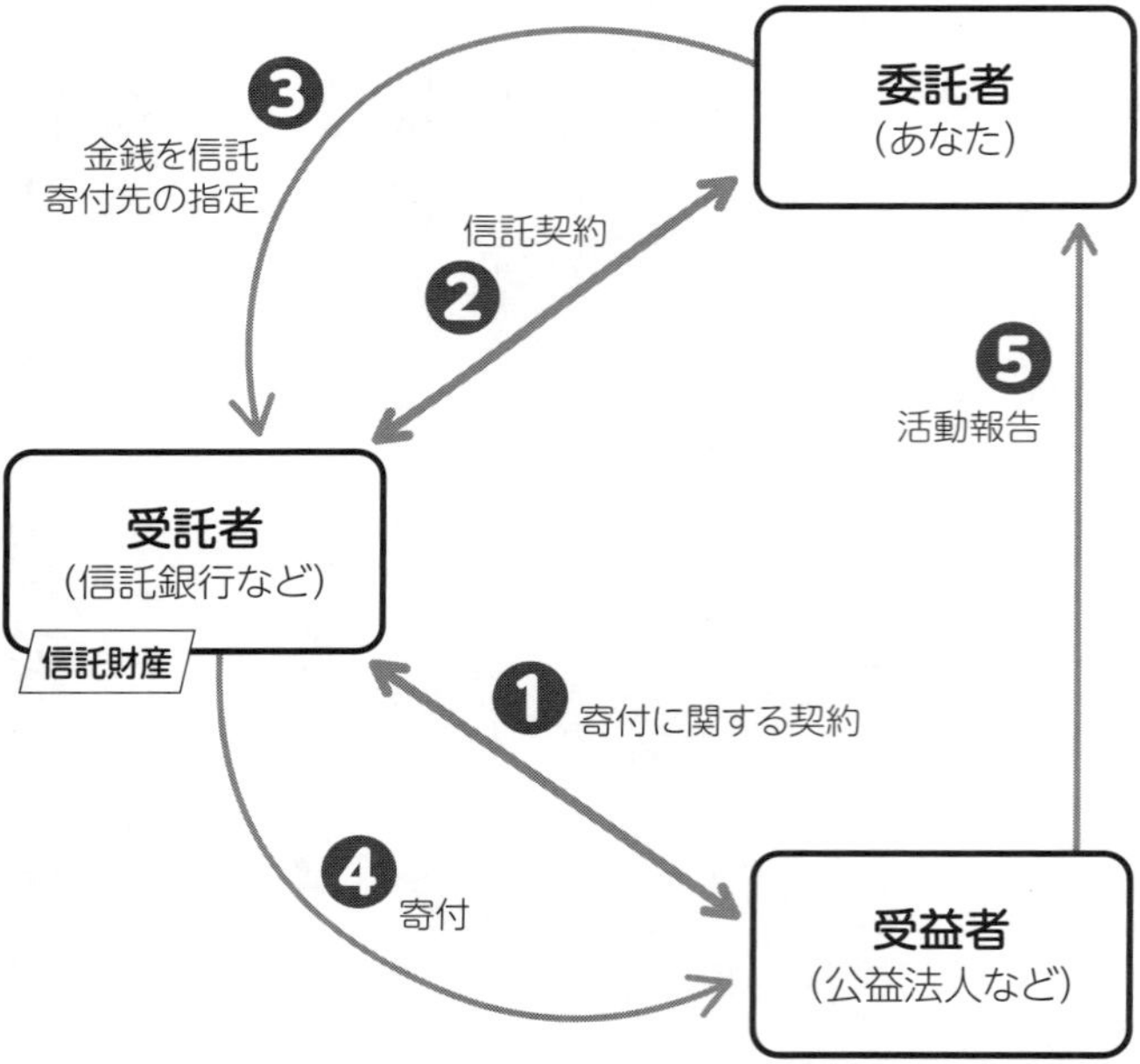

一般的な特徴

- 信託銀行と契約している公益法人などの団体から、寄付先を選ぶ。
- 信託銀行を通じて、信託した金銭の中から定期的に寄付をしてもらう。
- 寄付先は毎年変えることができる。
- 信託期間は5〜10年。

基金の管理・運営を信託銀行に任せ、社会貢献を行う「公益信託」

■オーダーメイドの社会貢献基金

ノーベル賞の「ノーベル財団」、マイクロソフト創業者のビル・ゲイツ氏の「ビル&メリンダ・ゲイツ財団」などは個人の財産をもとにして設立された世界規模の公益財団だ。大きな公益財団ともなれば、基金を管理する人や助成先を選ぶ人など、多くの人手が必要となり、当然そのためのお金もかかる。そんな公益財団を維持できる人はそうはいない。だが、受託者にそうした運営・管理を任せることで比較的、簡便に似たようなものをつくれるのが「公益信託」だ。

たとえば「××川の美化に関する活動をする団体・個人へ」「東京23区内で精神障がい者福祉の改善に取り組む団体・個人へ」など、特定の団体ではなく自身が貢献したい公益分野を決め、信託銀行や信託会社に財産を託す。受託者は助成先の選定を行い、お金を渡し、財産がなくなるまで継続する。自分の名前を基金の冠にして、死後に名前を残すこともできる。ほぼ信託報酬だけで助成先の選定や運営までしてもらえるのだから、ありがたい。まさにオーダーメイドの社会貢献基金といえよう。

ただ、信託銀行にとっては負担が大きく、積極的に受けているかといえば、それほどでもない。最低でも億単位の金額が必要な場合が多く、残念ながら実際にこの制度を使える人もそれほど多くはない。現在検討が進む公益信託制度改革で、使い勝手がよくなることが期待されている。

〈図16〉公益信託のしくみ

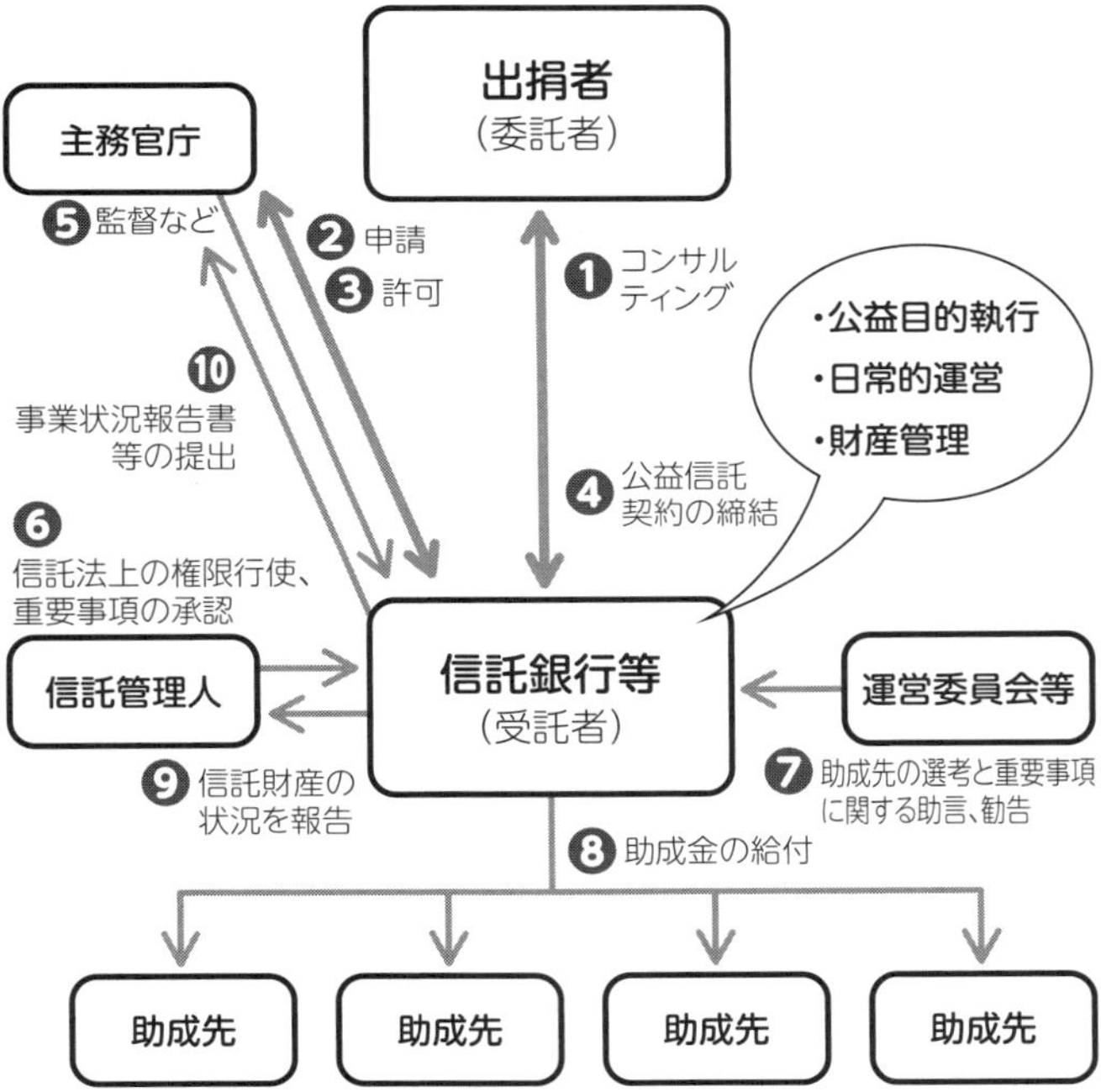

参考：一般社団法人信託協会ホームページ

一般的な特徴

- 受託者である信託銀行が、公益財団法人のような役割を担い、信託財産を管理・運用して公益のために役立てる。
- 主務官庁の監督のもと、厳格な管理・運営が行われる。
- 公益信託の名称に、「公益信託○田○夫記念□□研究助成基金」のように個人の名前を入れられる。

自身の家族のために財産を遺し、いずれは公益に役立てられる「生命保険信託」

■遺贈寄付の観点からは最も使いやすい信託

生命保険を活用して遺贈寄付をすることもできる。それが「生命保険信託」だ。死亡保険金の受取人を信託銀行や信託会社といった受託者に指定して、受託者が受け取った保険金を分割して、定期的に受益者に渡す。受益者を最初からＮＰＯ法人などにしておけば、直接遺贈寄付する形になる。

先に、知的障がいの子どもの話を例に出したが、最初は相続人である子どもを受益者としておき、その子どもが亡くなったさい、残りの信託財産を指定した施設やＮＰＯ法人に寄付する。そんなことがこの仕組みならできるのだ。遺贈寄付の観点でみれば、信託の中では現状、最も使いやすい仕組みかもしれない。

〈図17〉生命保険信託のしくみ

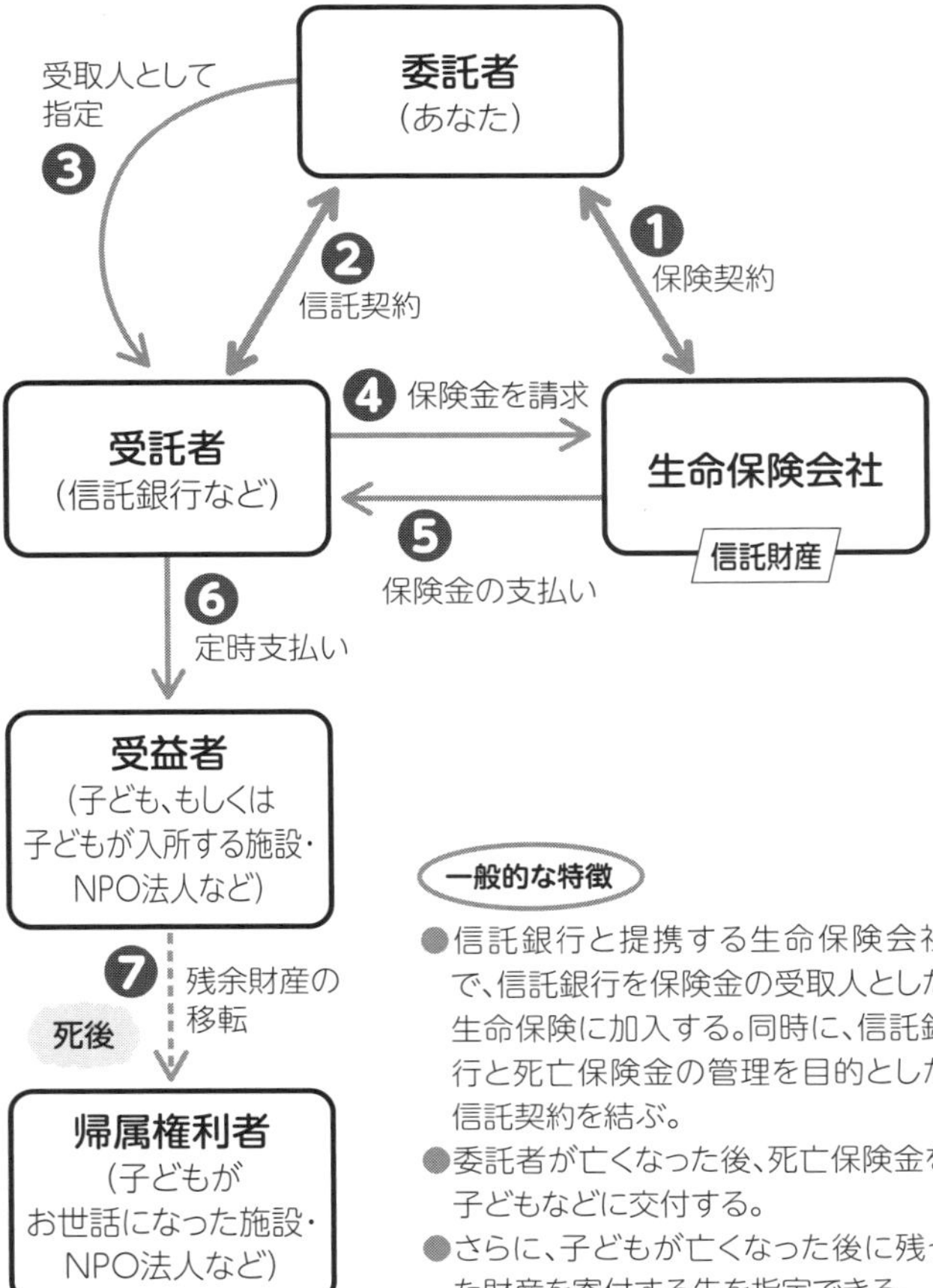

一般的な特徴

- 信託銀行と提携する生命保険会社で、信託銀行を保険金の受取人とした生命保険に加入する。同時に、信託銀行と死亡保険金の管理を目的とした信託契約を結ぶ。
- 委託者が亡くなった後、死亡保険金を子どもなどに交付する。
- さらに、子どもが亡くなった後に残った財産を寄付する先を指定できる。

信託は、専門家の力を借りて確実に使いこなす

どうだろう。信託は一見難しそうだが、信託財産を受託者に託すのだという点さえわかれば、仕組み自体はそれほど複雑なものではない。手数料がかかるといったデメリットはあっても、確実な遺贈寄付を考えるのであれば、ぜひ利用を検討したい。税制や信託制度改革が進むと、使い勝手が良くも悪くもなるのが信託だ。最新情報を知るためにも信託銀行など専門家に相談してみてほしい。

コラム

人と人とを結びなおす第一歩になる

私は、遺贈寄付は今後、ますます増えていくのは間違いないとみている。

一つには、少子高齢化や、結婚しない人の増加に伴う世帯構成の変化がある。子どもがいない人、親族はいても交流は少ない一人暮らしの人など、遺贈寄付に関心が高い傾向にある人たちが増えていくのだ。

そして、もう一点。欧米に比べて日本には寄付文化は育っていないといわれる。確かに、不可知の存在である神に、もしくは神を通じて「他者」へ寄付をすることで善行を積むというキリスト教的な寄付文化は、日本に根付いたとはいいづらいかもしれない。だが、それがそのまま「日本人は寄付しない」とイコールにはならないと考える。

地域への「恩返し」としての寄付

戦後まで、多くの日本人は地域にしばられるように、人口流動性の低い地域コミュニティで生きてきた。そこはいわば、互酬的な関係性の世界だ。長年にわたりお互い（お互いのイエ）を知り尽くした関係だから、「あの人には（あるいはあの人の親には）、あのときお世話になったのだから」「いつか返してもらうから」と、「お互い様」の関係が成立していた。お世話になったことへの「恩返し」の感覚は、いま現在を対象とするだけでなく、過去や未来までも含んでいた。

地域コミュニティには不可知の他者がそもそもいないから、キリスト教的寄付は成り立ちにくかった。寄付ではなく、直接顔の見える者同士が助け合いで道を整備したり、家の改修をしたりといった、主に労働による相互扶助がコミュニティの基本原理として働いていた。

ときにコミュニティの外に出て「成功」した者は「錦を飾り」、故郷になんらかの形で貢献をする。お寺や神社への寄進や集会場所の建設・提供など、地域コミュニティにいわば恩返しの一環としてなされるものが寄付だった。これは地方に限らない。

たとえば、江戸期の大阪では、成功した商人が橋や道を普請した。それは、コミュニティへの還元、恩返しとしての寄付であった。

だから、「寄付文化」が日本では社会的に可視化しづらかった。寄付の対象が地域やお世話になった相手に限られていたのだから。そもそも資産を有する人自体が少なかったこともある。

●より広い「社会」への恩返しが受け入れられつつある

だが、戦後一貫して続く地方から都会へという大規模な人口移動に伴って地域コミュニティが大きく揺らいだ。地域コミュニティに限定されることなく、自身がかかわってきたさまざまな「社会」へと、恩返しの範囲が広がった。社会とはたとえば、卒業した学校だったり、海外赴任で暮らした土地だったり、老後を過ごす場だったりするだろう。もしくはもっと広く、漠然とだが自分がお世話になりながら生きてきたと感じる「社会」かもしれない。不可知の他者同士が暮らす場所としての社会を生きるのが都市住民という言い方もできるだろう。

そこでは直接的な労働ではなく、お金を介することでしか自身の恩返しの思いが届かないこともある。地理的範囲も広がり、そもそも他者が誰かもわからない。欧米的、チャリティ的な寄付文化が育つ土壌ができているのだ。

資産を有する人も、高度経済成長を経て格段に増えた。メディアの発達で、広がった世界を自分の「社会」として、身近なものとして感じることもできるようになった。だから、お世話になった病院や施設へのお礼といった従来的な恩返しはもとより、NPO法人や公益法人など、より広がりを持った「社会」への恩返しが感覚的にすんなり受け入れられつつあるのではないか。それこそが、日本的な寄付文化の新たな土壌になると感じている。

●国家の限界も背景に。寄付されたお金が社会問題の解決へ

また、国家の果たせる役割には現在、はっきりと限界がみえている。たとえば、医療・介護に関して国は「住み慣れた地域で最期まで」を掲げ、「地域包括ケア」の構築を進めている。要は税金も医療財源も足りないから、地域社会でなんとか高齢者を支えてほしいと、特に地域の人たちの互助に期待する。税金を原資にした対応には限界があり、人々の助け合いや支え合いに期待しているのだ。地域ごとの細やかな対応

のためにも、問題と対応が目に見える範囲にお金を回す、つまり問題解決のために活動する団体に寄付のお金を回すことは、時代的な要請にもかなっているといえる。

さらに遺贈寄付に関していえば、いま財産を有する高齢者の多くは自分や子孫のために財産を遺すというより、自己責任ばかりが強調されて老後への不安が大きいためにやむなく財産をため込んでいる側面が強い。老後資金の心配がなくなった段階で、従来のように、自身が生きてきた「社会」にたとえ一部でも還元したい、恩返しをしたいと感じる人は多いに違いない。そのときの「社会」とは、先述したように、地理的制約や顔の見える関係性にしばられたものではないのだ。これから遺贈寄付は間違いなく増えていくだろう。

●引き裂かれた「わたしたち」を結びなおす

社会は「わたしたち」という意識が根底になければ成り立たない。いま、自己責任が過度に強調され、一人ひとりが分断され、漂流するような「個人化」が進む。より弱い立場の者へ、異質な者へ攻撃の矛先を向けることで、自分の置かれた現状を「よりましなもの」と思い込む。そのことでますますお互いの間を隔てる壁が高くなっていく。「わたしたち」という概念が揺らぎ、引き裂かれている。寄付、なかでも「他者」のためにという「思い」の強い遺贈寄付にはきっと、そんな壁を乗り越える力がある。「わたしたち」を結びなおす、ささやかかもしれないが、大切な一歩になるに違いない。

おわりに
私たちはどう生き、次世代になにを残すのだろう

朝日新聞朝刊一面で哲学者の鷲田清一さんが執筆するコラム「折々のことば」（2017年10月4日）に、浅利桂子さん（73）という方の川柳が紹介されていた。

よしとする　生きたあかしが　何もない

軽妙だ。鷲田さんが書いているように、とことん突き放した感じが爽やかであり、言い切ることで軽やかさが得られている。

鷲田さんは「たいていの人は生きた証しなど持てず、未練や後悔を抱えつつ亡くなってゆく」とも記した。

その通りだろう。だが、たとえ未練や後悔を抱えていたとしても、誰もが「私はこういう生き方をした」と、はにかみながらでも口にできることは、決して否定するものではないし、悪いものでもないだろう。確かに、軽やかではないかもしれないが、人生はそもそもそんなに軽やかなものでもない。誰もが「よしとする」ものを最期に

持てたっていいはずだ。

ここまで本書をお読みいただいていれば、「それって、遺贈寄付のことだよね」と笑いながら思ってもらえるのではないだろうか。

最後に、詩人・河井酔茗の詩「ゆづり葉」を紹介したい。私たちはどう生き、次世代になにを譲り、残すのだろう。

子供たちよ
これは譲り葉の木です
この譲り葉は
新しい葉が出来ると
入り代わてふるい葉が落ちてしまふのです

こんなに厚い葉
こんなに大きい葉でも
新しい葉が出来ると無造作に落ちる

新しい葉にいのちを譲って――

子供たちよ
お前たちは何を欲しがらないでも
凡《すべ》てのものがお前たちに譲られるのです
太陽の廻るかぎり
譲られるものは絶えません

輝ける大都会も
そつくりお前たちが譲り受けるのです
読みきれないほどの書物も
みんなお前たちの手に受取るのです
幸福なる子供たちよ
お前たちの手はまだ小さいけれど――

世のお父さん、お母さんたちは
何一つ持つてゆかない
みんなお前たちに譲つてゆくために
いのちあるもの、よいもの、美しいものを
一生懸命に造つてゐます

今、お前たちは気が附かないけれど
ひとりでにいのちは延びる
鳥のやうにうたひ
花のやうに笑つてゐる間に
気が附いてきます

そしたら子供たちよ
もう一度、譲り葉の木の下に立つて
譲り葉を見る時が来るでせう

『現代日本文學全集89　現代詩集』（著者代表・河井酔茗、筑摩書房）

◇　◇　◇

身内を亡くしてまだ心の傷が癒えていないにもかかわらず、取材の趣旨をご理解いただいてご協力くださった方々や、自身の死というセンシティブな話題にもかかわらず取材にご協力いただいた皆様のおかげで、この本は書き上げることができました。あらためて心から感謝申し上げます。また、取材を通じて「出会った」、亡くなった方々のご冥福をお祈りいたします。本書を通じて、そんな方々の「思い」が少しでも世に伝わることを願っています。

本書は、全国レガシーギフト協会の全面協力を得て書き上げました。法律や税制、信託制度など専門家としての視点からアドバイスをいただけたことに深く感謝します。また、本書を全国の公証役場などに贈るためのクラウドファンディングにご協力いただいた皆様にも感謝申し上げます。ありがとうございました。

遺贈寄付に関する問い合わせ先

■**公益財団法人 地域創造基金さなぶり**
宮城県仙台市青葉区大町1-2-23　桜大町ビル303
022-748-7283

■**認定NPO法人 茨城NPOセンター・コモンズ**
茨城県水戸市梅香2-1-39　茨城県労働福祉会館
029-300-4321

■**公益財団法人 ちばのWA地域づくり基金**
千葉県千葉市中央区春日1丁目20-15　篠原ビル301
043-239-5335

■**公益財団法人 パブリックリソース財団**
東京都中央区湊2丁目16-25-202
03-5540-6256

■**公益財団法人 日本財団　「遺贈寄付サポートセンター」**
東京都港区赤坂1丁目2-2
0120-331-531

■**認定特定非営利活動法人 日本ファンドレイジング協会**
東京都港区新橋5-7-12　ひのき屋ビル7F
03-6809-2590

■**特定非営利活動法人 国際協力NGOセンター(JANIC)**
東京都新宿区西早稲田2-3-18　アバコビル5F
03-5292-2911

■**公益財団法人 公益法人協会**
東京都文京区本駒込2-27-15
03-3945-1017

■**認定特定非営利活動法人 長野県みらい基金**
長野県長野市大字南長野字幅下692-2　長野県庁東庁舎1階
026-217-2220

■**公益財団法人 ふじのくに未来財団**
静岡県静岡市葵区一番町50番地　静岡市番町市民活動センター
070-5336-0461

■ **公益財団法人 あいちコミュニティ財団**
愛知県名古屋市東区代官町39-18　日本陶磁器センタービル5F
052-936-5101

■ **公益財団法人 京都地域創造基金**
京都府京都市上京区河原町通丸太町上る出水町284番地
075-257-7883

■ **公益財団法人 ひょうごコミュニティ財団**
兵庫県神戸市中央区元町通6-7-9　秋毎ビル3階
078-380-3400

■ **公益財団法人 みんなでつくる財団おかやま**
岡山県岡山市北区奉還町三丁目15-8　奉還町第一ビル第11号
086-239-0329

■ **公益財団法人 佐賀未来創造基金**
佐賀県佐賀市唐人2丁目5-12　TOJIN茶屋
0952-26-2228

■ **公益財団法人 みらいファンド沖縄**
沖縄県那覇市首里池端町34 2F　タイフーンfm内
098-884-1123

[取材協力並びクラウドファンディングによる公証役場などへの配本]

一般社団法人 全国レガシーギフト協会

【東京事務所】
東京都港区新橋5-7-12 ひのき屋ビル7F
日本ファンドレイジング協会内
03-6402-5610

【岡山事務所】
岡山県岡山市北区表町1丁目4-64上之町ビル3階
岡山NPOセンター内
086-224-0995

クラウドファンディング寄付者一覧

全国レガシーギフト協会はクラウドファンディングチャレンジ〝日本初「遺贈寄付」ストーリー本を出版して、届けたい！〞を実施しました。「遺贈寄付をより身近なものに」という趣旨にご賛同いただいた皆様のご支援により、公証役場など遺贈寄付に関係する機関に本書を贈ります。この場を借りて厚く御礼申し上げます。（チャレンジ期間 2017年12月21日〜2018年1月17日、寄付者 119名 、支援総額 54万8000円）

小畠瑞代　山口洋典　照井翔登　佐々木周作　可児卓馬　石原達也
小林清　本郷順子　小出雅之　鈴木祐司　山田健一郎　岡康平　鴨崎貴泰
小俣健三郎　重松大介　脇坂誠也　木村真樹　難波衣里　坂本治也
鵜尾雅隆　谷内友哉　山北洋二　古谷由紀子　早瀬昇　杉田雅人
片口美保子　池田義教　藤下綾子　吉岡淳平　山田泰久　道盛正樹
船田富士男　今井良枝　桐島瑞希　吉田紫磨子　大澤香織　武田知記
若林直子　工藤啓　関伸夫　最上沙紀子　細貝朋央　明洪哲　熊本陽一
中村陽一　大野満　太田太郎　千野和子　多田邦晃　清野あずみ
生田大五郎　石田祐　渡辺由美子　高村和雄　松山亜紀　小山里司
志村はるみ　下垣圭介　齋藤弘道　相原朗子
認定NPO法人D×P（ディーピー）
物品寄付型ファンドレイジングプログラム『お宝エイド』
宮下真美　安孫子健輔　難波徹基　宮内泰介　亀山環舜　平田美鶴
戸田由美　吉武ゆかり　増田健太　花島紀秀　山崎庸貴　倉持美穂
橋本賢司　会沢裕貴　金谷重朗　野本圭介　江川沙織　三島理恵
建畠一勇　高橋暁　松尾珠実　青木将美　橋本幸枝　水野達男
NPO法人古材文化の会　間辺初夏　川原佳子　高橋あづさ　大石俊輔
橋本正彦　土崎雄祐　大山知康　笹森章　清水潤子　相場繁　櫛本哲
木下園子　山口剛史　高橋優介　川村文　伊藤彰　Jiru Kajima　加藤啓太
鈴木瞳　遠藤惠子　兼久信次郎　藤本喜久男　根本真紀　木村昭
末吉祥子　辛嶋友香里　間ケ敷久恵　寺本育男　伊佐淳　土屋賢治
新矢浩

（入金順、敬称略）

〈著者プロフィール〉
星野 哲（ほしの・さとし）
立教大学社会デザイン研究所研究員、立教大学大学院兼任講師。
1962年、東京出身。慶應義塾大学経済学部卒業後、朝日新聞社に記者として入社し、学芸部や社会部、CSR推進部などを経て2016年退社。終活や、看取りなど人生のエンディング段階を社会でどう支えるかに関心があり、取材・研究を続ける。在社中の2013年、立教大学大学院21世紀社会デザイン研究科前期課程博士課程修了。2017年には在宅看取りをサポートする、一般社団法人「介護デザインラボ」を立ち上げ、理事として活動を始める。単著に『終活難民 あなたは誰に送ってもらえますか』（平凡社）、『葬送流転 人は弔い、弔われ』（河出書房新社）がある。

最期のお金の活かし方
遺贈寄付

2018年3月10日　第1刷発行

著　者　星野 哲
発行人　見城 徹
編集人　福島広司

GENTOSHA

発行所　株式会社 幻冬舎
〒151-0051　東京都渋谷区千駄ヶ谷4-9-7
電話　03(5411)6211(編集)
03(5411)6222(営業)
振替　00120-8-767643
印刷・製本所　株式会社 光邦

検印廃止

ISBN978-4-344-03265-1　C0095
幻冬舎ホームページアドレス　http://www.gentosha.co.jp/

この本に関するご意見・ご感想をメールでお寄せいただく場合は、
comment@gentosha.co.jpまで。